历史的天空

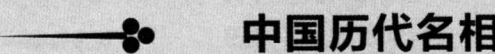

中国历代名相

历史的天空

中国历代名相

荀伟东 编著

吉林出版集团股份有限公司

·长春·

◆ 前　言 ◆

　　宰相是中国古代最高行政长官的通称。它的正式官名随着朝代的更替，先后出现过相国、丞相、大司徒、侍中、中书令、尚书令、同平章事、内阁大学士、军机大臣等，多达几十种。据记载，早在商周时代已有太宰、尹、太师之称，到了春秋战国时代，出现了"相"。例如管仲为齐国相，蔺相如为赵国相。简而言之，宰相，就是皇帝的大管家。我们从中国历史的上千位宰相中，选出几十位具有正面意义的代表人物，以他们宰相仕途的跌宕起浮，来展现封建王朝的风云变幻，述说中华民族的沧桑过往。

◆ 目　录 ◆

◆ 目　录 ◆

◆ 目 录 ◆

◆ 目　录 ◆

◆ 目 录 ◆

◆ 目 录 ◆

贤相第一人——伊尹

商朝初期出现了一位著名的宰相名叫伊尹，也有人说他叫伊挚。他的母亲是在伊水居住的奴隶，以养蚕为生，所以取姓为伊，而尹则是官名。甲骨卜辞中称他为伊，金文则称伊小臣。伊尹在中国古代的政治、军事、文化、教育等方面的贡献都非常巨大，是中国历史上贤相第一人，是中国有甲骨文记载的最早的老师，还是中华厨祖。

灭夏建商第一功臣

伊尹被有莘国庖人收养，过着田间耕作的日子。他的父亲据说是个很出色的奴隶厨师，他的母亲是在伊水采桑养蚕的奴隶。传说伊尹的母亲在怀孕生他时梦见神仙，神仙告诉她看见臼内出水不要声张赶

伊尹画像

紧逃走。当她醒来后果然看到臼内像喷泉一样喷出水来，便立即告诉所有的乡邻赶紧逃命，等他们逃走后，那里的村落就成了一片汪洋。她又挽救了很多生命，却也因违背了神仙的告诫，变成了空桑。后来有莘氏采桑女偶然发现空桑中有一个婴儿，就带回去献给了有莘王，有莘王又将他交给奴隶厨师抚养。从这个神话传说我们可以推断出伊尹的身世，父亲是奴隶厨师，母亲是采桑女。

伊尹从小就非常聪明，努力学习知识，虽然一直在田间耕作，却学会了烹调技术，还深谙治国之道，并专心研究了三皇五帝和大禹王等英明君王的施政之道。他的名声传到了求贤若渴的商汤王耳里，商汤王多次拿着玉、帛、马、皮等礼物前去有莘国请他出山。据说现在嵩县空桑涧还有个平兀如几的小山，就是那时商汤请伊尹的三聘台。传说当时的有莘王拒绝了商汤王请伊尹的要求，商汤王便娶了有莘王的女儿，而伊尹成了的陪嫁奴隶，就这样被商汤王留在身边。

伊尹为了帮助商汤王与夏桀的元妃妹喜结交，然后打探到夏桀内部的许多重要情报。伊尹先劝说商汤停止对夏桀王的贡纳，来试探九夷之师对夏桀王的态度。他发现九夷之师都听从夏桀的指挥，便让商汤再恢复对夏王朝的贡纳，同时积极准备攻夏。

大约在公元前1601年，伊尹决定再次停止对夏王的贡纳，夏桀王虽再次起兵，但"九夷之

伊尹祠

历史的天空

中国历代名相

师不起"，在政治和军事上完全陷入孤立无援的困境。伊尹看到灭夏的时机已经成熟，便协助商汤立即下令伐夏。夏桀战败南逃，汤在灭掉夏王朝的三个属国后，挥师西进，很快攻占了夏王朝重地——伊洛流域的斟鄩，并进而定都西亳，夏朝就此灭亡，商朝建立。

贤明辅政

商汤死后，伊尹历经外丙、仲壬，又做了汤王长孙太甲的师保。传说，太甲不遵守商汤的大政方针，为了教育太甲，伊尹将太甲安置在特定的教育环境中——成汤墓葬之地桐宫，他本人与诸大臣代为执政（史称"共和执政"）。他著《伊训》《肆命》《徂后》等训词，

伊尹像

讲述如何为政，什么事可以做、什么事不可以做，以及如何继承成汤的法度等问题。在伊尹创设的特定教育环境中，太甲守桐宫三年，追思成汤的功业，深刻反省，"处仁迁义"，学习伊尹的训词，逐渐认识了自己的过错，悔过反善。当太甲有了改恶从善的表现后，伊尹便适时亲自到桐宫迎接他，并将王权交给他，自己仍继续当太甲的辅佐。在伊尹的耐心教育下，太甲复位后"勤政修德"，继承成汤之政，果然有了良好的表现。商朝的政治又出现了清明的局面，《史记》称"诸侯咸归殷，百姓以宁"。于是伊尹又作《太甲》三篇，《咸有一德》一篇褒扬太甲。太甲终成有为之君，被其后代尊称为"大宗"。

13

伊尹祠

　　据说伊尹活了一百多岁，直到太甲之子沃丁在位，被葬在西亳。伊尹当了商朝几个国王的相，为商王朝延续600多年奠定了坚定的政治基础，成为中国历史上第一个有名的贤相。后人所以尊他为"圣人"，就是因为他对中国历史的发展，对中国文化的发展起了推动作用。

　　由于商代有关伊尹的文献极缺，所以对于伊尹在做"师仆"时如何对奴隶主贵族子弟施教，在被封为尹后，又是怎样在宫廷中施教，人们很难勾画出一个像样的轮廓。但他的哲学思想、教育思想，还可以从《尚书》《孟子》《吕氏春秋》《史记》等书中找出一些零星的记载。

　　"殷人尊神"既是商代思想的主要特点也是商代教育的主要特点。伊尹就是被称为"格于皇天"中"天"的代言人。"格"，也称"格人"，是人和天之间的媒介。商代"率民以事神"在教育上的体现就是巫教。说伊尹是太上老师，就是因为他是"格于皇天"的"格人"，亦即巫师。他可以刺探天意，他可以代传天意，在《伊训》中，伊尹告诫太甲说："惟上帝不常。作善，降之百祥；作不善，降之百殃。"就是代天传意，说明老天爷要用降百祥奖励作善者，降百殃惩罚作不善者。这是伊尹用天命、人事、祸福对太甲的申戒，也是神道设教思想的体现。

虽然伊尹搬出皇天以先知先觉的天意代言人教育太甲，但那只是借天之威，给君权涂上神授的色彩，以统治百姓。伊尹一方面用君主若不从天意，天必警以祸殃的思想教育太甲，另一方面他更重人，特别是帝王的道德修养。他告诫太甲统治者只有常于有德，才能保住王位，否则统治九州的权利就要失去。如果轻漫祖先和神灵，虐杀老百姓，皇天也保不了你的王位。虽然伊尹的整个思想体系是为神权政治服务的唯心主义，但其更重视个人道德修养这一思想在当时是具有进步意义的。

在政治上，伊尹主张"居上克明，为下克忠"。要求称王的人不但要注意自身道德修养，还要不断更新自己的道德意识，并强调"任官惟贤材，左右惟其人"，主张尊贤、用贤，用人适当。他强调"臣为上为德，为下为民"，意思是做大臣的要上对天子负责，下保庶民安定，并视此为大臣之职。

在教育上，伊尹认

伊尹像

15

为"习与性成"，就是说人的性格、品质是在日常生活行为的习惯培养中形成的。他还说过"慎终于始"的话，可以推知他在做"师仆"时一定是十分重视幼儿的起始教育的，还看到了环境在教育中的作用。

伊尹对于道德教育是尤为重视的。在《咸有一德》中，伊尹用夏朝之所以灭亡是因为"夏王弗克庸德"，商汤所以能代夏而立是由于汤王"眷求一德"的历史事实教育太甲。他告诫太甲，商朝所以得天下，不是苍天偏爱商王，而是老天爷保佑有德之人，不是商王哀求于老百姓，而是老百姓愿意归顺有德之王。

在道德上，伊尹主张"德无常师，主善为师"。就是说谁能积众善之德，谁就可以为师。对于德和政的关系，伊尹说："七世之庙，可以观德。万夫之长，可以观政。"意思是说德、政是否修到以德兼众善以一贯之的程度，这要从万民是否悦服今王和后世是否尊祀七庙上得到验证。可见伊尹是主张德政的。

伊尹祠

伊尹功绩

众所周知，伊尹在辅政治国、教育等方面功绩著著，在其他方面也有着不可磨灭的功绩。

　　传说伊尹是历史上第一个以负鼎俎调五味而佐天子治理国家的杰出庖人。他创立的"五味调和说"与"火候论"，至今仍是中国烹饪的不变之规，被中国烹饪界尊为"烹调之圣""烹饪始祖"和"厨圣"。

　　从史料记述中可知，伊尹先是当过奴隶的，幼年的时候寄养于庖人之家，得以学习烹饪之术，长大以后成为精通烹饪的大师。并由烹饪而通治国之道，说汤以至味，成为商汤心目中的智者贤者，被任用为相，影响较大。以伊尹来比喻技艺高超的厨师的词语也不少，如"伊尹煎熬"（枚乘《七发》）和

伊尹故里

"伊公调和""伊尹负鼎""伊尹善割烹"等。伊尹说，烹饪的全过程集中于鼎中的变化，而鼎中的变化更是精妙而细微，语言难以表达，心中有数也更应悉心去领悟："鼎中之变，精妙微纤，口弗能言，志弗能喻，若射御之微，阴阳之化，四时之数。"伊尹说，经过精心烹饪而成的美味之品，应该达到这样的高水平："久

伊尹祠

而不弊，熟而不烂，甘而不哝，酸而不酷，咸而不减，辛而不烈，澹而不薄，肥而不腻。"与此同时，伊尹又为商汤讲了当时可以制作美味的各种名特产品。

伊尹不但是中华厨祖，还是一个出色的巫师。商是一个非常崇信鬼神的朝代，国家大事小情皆要通过占卜，"国之大事，在祀与戎"，因此巫师具有崇高的地位。伊尹是商代第一大巫师，上古巫、史、医合一，巫师本身多兼有医的功能，如蜚声远近的巫彭、巫咸等皆以擅长医术闻名。后世医家都认为在医家者流的"经方十一家"，二百七十四卷中有《汤液经法》三十二卷，是伊尹所著。《玉函山房辑佚书》有《伊尹书》一卷，马王堆汉墓出土的帛书也有《伊尹篇》。历代医家皆对伊尹创制汤液的故事深信不移。元代起的三皇庙中，伊尹已列配享，与上古传说的医家进入医家朝拜的殿堂。清代陆以活记载了京师先医庙的沿革情况，在先医庙诸位名医中，伊尹赫然在位。

因此伊尹虽然不是最主要的医药行业神，但大多数民众相信，汤液是由他发明的，汤液的发明提高了医药的疗效，成为中医药学主要的特色之一。

伊尹在军事上的成就也非常大。首先，他明白以人心向背来

18

让战争取胜，以取得精神上的胜利。其次，运用"上智为间"的谋略。间谍情报战，在伊尹之前是未曾有过的。而伊尹却能够意识到先侦察夏王朝的政情民情，然后制定灭夏计划，可以说伊尹是中国军事史上用"间谍"的第一人。最后，伊尹还根据敌我力

伊尹故里

量变化选择有利战机。因为任何事物都是不断发展变化的，对于战争而言，能否正确认识、判断形势并选择有利战机显得尤为重要。在军事战争上，伊尹能够不受时代的束缚，大胆冲破"天命观"的禁锢，较清醒地认识到人在战争中的主体作用，意识到人心向背对战争胜败的影响，这对中国军事的发展非常重要，伊尹因此被称为"中国军事史上第一个军事谋略家"。

齐国始祖——吕尚

　　吕尚，姜姓、吕氏，名尚，一名望，字子牙，或单呼牙，齐国始祖，尊称太公望，也被称为姜太公，武王尊他为"师尚父"。吕尚是西周的开国元勋，是杰出的思想家、军事家与政治家。被儒、道、法、兵、纵横诸家尊为本家人物，堪称"百家宗师"。吕尚先后辅佐了六位周王，历任周文王、武王、成王、康王四代太师。西周初年，被周文王封为"太师"，被尊为"师尚父"，在牧野灭商之战中立下大功。周朝建立后，被封齐地，成为周代齐国的始祖。

　　吕尚可以说是名门望族之后，传说吕尚是炎帝神农氏 54 世孙，伯夷 36 世孙。他的祖先在是舜时"四岳"之一，曾经帮助大禹治水立下功劳，被封在吕，族姓为姜。但家族传到吕尚时，已经败落，吕尚曾去昆仑山求仙，拜元始天尊为师，但修仙不成，下山后在世间为人算卦。吕尚虽然资质不好，但非常有志气，学习任何知识都非常勤奋刻苦，他不仅学习天文地理，还学习军事谋略，研究治国安邦之道，想要有所成就但一直怀才不遇。直到已过花甲之年，还没有找到施展才能与抱负的机会。可以说他的一生坎坷多磨而又轰轰烈烈、神秘莫测，确实称得上是奇人。

姜太公钓鱼

据说吕尚隐居之地正在周文王的统治范围内，他就想引起周文王的注意，以便能建功立业。于是他经常去溪旁垂钓，而且钓钩还是直的，上面也没有鱼饵，并且离水面三尺高。他一边垂钓，还一边自言自语："鱼儿呀鱼儿，愿意上钩的就自己来吧！"有人看到吕尚这样钓鱼，就问他："老先生，你这样钓鱼，是永远钓不到鱼的！"吕尚却回答："实话告诉你吧，我其实想钓到的是王与侯！"

就这样吕尚的奇异举动被文王听说了，他派了一名士兵去传吕尚。吕尚见了士兵，一边钓鱼，一边自言自语："钓来钓去，上钩的却是小虾！"文王听了回报，又派一名官员去请吕尚。吕尚还是继续钓鱼，一边自语："钓来钓去，却是条小鱼！"文王听了回报，便决定亲自去请吕尚。这回吕

吕尚塑像

姜尚塑像

尚见到文王恭敬地来请，便欣然前往。

就这样吕尚先后辅佐文王和武王，灭掉商朝，统一天下，然后被封齐公，最终功成名就。

兴邦安国功绩无双

关于吕尚的事迹传说很多，最著名的就是《封神演义》，甚至将吕尚"神化"。但他一生确实建树颇多，在军事、政治、经济思想等方面，都有卓越贡献，其中尤以军事为最，司马迁对其赞誉尤高，后世推其为兵家之鼻祖。当吕尚被封齐公后，励精图治，很快使齐国成了泱泱大国，为后来的齐桓公"九合诸侯，一匡天下"成为五霸之首奠定了基础。姜子牙是中国历史上一位全能的人物，经过历朝历代的推崇和演化，使他最终成了神一般的存在，可见他对中国后世各方面的影响之大。

吕尚在军事上的成就很高，他的谋略思想就连"兵圣"孙武的《孙子兵法》中都有借鉴的地方。例如《孙子兵法·虚实篇》有"出其所不趋，趋其所不意"之句，而在姜太公的军事著作《六韬》论中有"兵胜之术，密察敌人之机而速乘其利，复疾击其不意"之句。虽然有关吕尚军事思想的著作有《六韬》《阴符》《太公兵法》《太公金匮》等，但存世的很少。吕尚在军事上最高明的是将政治与军事、治国与理军融为一体，这使他的军事韬略颇具全面性、深刻性、精辟性，对后世产生了巨大的影响。《六韬》在宋代被列为《武经七书》之一，成为武学教本，是武将必读的兵书。吕尚在权谋思想方面见解独到。《六韬·文韬·文师》最后有一段姜太公的话，"天下非一人之天下，乃天下人之天下也。同天下之利者，则得天下"。他认为，能行仁义道德者，则能使天下人归服。所以，国君要与天下人同生死、共忧患、共苦乐，这样才能统一天下万民。可见吕尚的统治思想的主体是爱民思想。爱民之道，贵在仁义，以德服人。因此吕尚在齐立国之后，将"爱民"思想贯彻了到建国的实践当中，而齐国果然在后来强盛起来。吕尚深知"民为邦本，本固邦宁"的道理，因此他倡导"以民为本，仁政顺民"的思想，不但在政治上因民俗、顺民心进行治理，还要宣传教化，感代民众。这就是治理天下的高尚道德，亦是"无为而无不为"的根本道理所在。

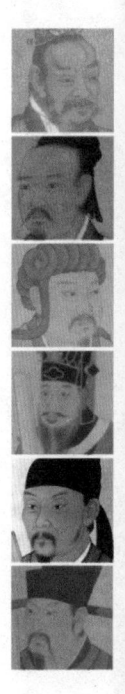

吕尚在用人方面，提倡举贤。他在《六韬·文韬》中体现出重贤、上贤、选贤、举贤的圣贤治国论及思想内容，并指出根据职能分工来选用人才，还要懂得举贤和任贤、用贤，这样才会让国家更兴盛。

吕尚还是一个出色的管理学家，他的财政经济政策和金融管理制度，不仅为周朝建立了完整、严密的管理体系和管理制度，也为齐国的强大奠定了基础。吕尚的生财之道、理财之策，即开源节流之制，是富民强国之道，对后世的影响也非常巨大。

春秋第一相——管仲

管仲，姬姓、管氏，名夷吾，字仲，谥敬，被称为管子、管夷吾、管敬仲，颍上（现在的安徽省颍上县）人，中国春秋时代齐国的政治家、哲学家，周穆王的后代。管仲少时丧父，老母在堂，生活贫苦，不得不过早地挑起家庭重担，为维持生计，与鲍叔牙合伙经商；后从军，到齐国，几经曲折，经鲍叔牙力荐，为齐国上卿，即丞相，有"春秋第一相"之誉，辅佐齐桓公成为春秋时期第一霸主。

管仲被视为中国历史上宰相的典范，任内大兴改革，重视商业。《国语·齐语》《史记·管晏列传》《管子》《左传》等都有记载他的生活，《论语》、北宋苏洵的《管仲论》对管仲作出了分析和评判。

管仲，博通坟典、淹贯古今，有经天纬地之才，济世匡时之略。他注重经济，反对空谈主义，主张改革以富国强兵，他说："国多财则远者来，地辟举则民留处；仓廪实而知礼节，衣食足而知荣辱"，唯物论中"物质决定意识"的观念和管子的思想颇为接近。齐桓公尊管仲为"仲父"，授权让他主持一系列政治和经济改革：

在全国划分政区，组织军事编制，设官吏管理；建立选拔人才制度，士经三审选，可为"上卿之赞"（助理）；按土地分等征税，禁止贵族掠夺私产；发展盐铁业，铸造货币，调剂物价。管仲改革的实质就是改革土地和人口制度。管仲改革成效显著，齐国由此国力大振。对外，管仲提出"尊王攘夷"，联合北方邻国，抵抗山戎族南侵。这一外交战略也获得成功。后来孔子感叹说："微管仲，吾其被发左衽矣。"

佐公子纠

　　管仲和鲍叔牙是一对好朋友，但他们却分别辅佐当时齐国的公子纠和公子小白。后来齐国内乱爆发，公子纠和公子小白逃亡在外，后来时机成熟，都急忙设法回国，以便夺取国君的宝座。齐国在公孙无知死后，商议拥立新君的各派势力中，正卿高溪势力最大，他和公子小白自幼交好。高溪又同另一个大夫国氏勾结，暗中派人急去莒国请公子小白回国继位。公子小白接信后又和鲍叔牙仔细分析国内形势，然后向莒国借了兵车，日夜兼程回国。鲁庄公知道齐国无君后，也万分焦急，立即派兵护送公子纠回国。发现公子小白已经先出发后，管仲自请先行，亲率30乘兵车到莒国通往齐国的路上去截击公子小白。人马过即墨十五六千米，正遇见公子小白的大队车马。管仲非常沉着，等公子小白车马走近，就操起箭来对准公

管仲铜像

管仲雕像

子小白射去，只听"哨唧"一声，一箭射中，公子小白应声倒下。管仲见公子小白已被射死，就率领人马回去。其实公子小白没有死，管仲一箭射中他的铜制衣带钩上，公子小白急中生智咬破舌尖装死倒下。经此一惊，公子小白与鲍叔牙更加警惕，飞速向齐国挺进。当他们来到临淄时，由鲍叔牙先进城里劝说，齐国正卿高氏和国氏都同意护立公子小白为国君，于是公子小白就进城，顺利地登上君位，这就是历史上有名的齐桓公。

齐桓拜相

齐桓公即位后，急需找到有才干的人来辅佐，因此就准备请鲍叔牙出来任齐相。鲍叔牙诚恳地对齐桓公说："臣是个平庸之辈，国君施惠于我，使我如此享受厚遇，那是国君的恩赐。若想把齐国治理富强，我的能力不行，还得请管仲。"齐桓公惊讶地反问道："你不知道他是我的仇人吗？"鲍叔牙回答道："客观地说，管仲是天下奇才。他英明盖世，才能超众。"齐桓公又问鲍叔牙："管仲与你比较又如何？"鲍叔牙沉静地指出："管仲有五点比我强。宽以从政，惠以爱民；治理江山，权术安稳；取信于民，深得民心；制订礼仪，风化天下；整治军队，勇敢善战。"鲍叔牙进一步谏请齐桓公释掉旧怨，化仇为友，并指出当时管仲射国君，是因为他当时辅佐的是公子纠，如果赦免其罪而委以重任，他一定会像忠于公子纠一样为齐国效忠。

管仲与公子纠一伙认为公子小白已死，再没有人与他争夺君位，也就不急于赶路。六天后才到齐国。一到齐国，没想到齐国已有国君，新君正是公子小白。鲁庄公得知齐国已有新君后气急败坏，当即派兵进攻齐国，企图武装干涉来夺取君位。齐桓公也不示弱，双方在乾时会战，结果鲁军大败，公子纠和管仲随鲁庄公败归鲁国。齐军乘胜追击，进入鲁国境内。齐桓公为绝后患，遣书给鲁庄公，叫鲁庄公杀公子纠，交出管仲和召忽，否则齐军将全面进攻鲁国。鲁庄公得知后与大夫施伯商量，施伯认为齐国要管仲不是为了报仇雪恨，而是为了任用他为政。因为管仲的才干世间少有，他为政的国家必然会富强称霸。假如管仲被齐国任用，将成为鲁国的大患。因此施伯主张杀死管仲，将尸首还给齐国。

　　鲁庄公闻齐国大兵压境，早吓得心颤胆寒，没有听施伯的主张，在齐国压力下，杀死公子纠，并将管仲和召忽擒住，准备将二人送还齐桓公发落，以期退兵。召忽为了表达对公子纠的忠诚而自杀，死之前对管仲说："我死了，公子纠可以说是有以死事之的忠臣了；你活着建功立业，使齐国称霸诸侯，公子纠可以说是有生臣了。死者完成德行，生者完成功名。死生在我二人是各尽其份了，你好自为之吧。"

　　管仲一路恐慌，最后平安到了齐国，鲍叔牙正在齐国边境堂阜迎接他。老友相逢，格外亲切。鲍叔牙马上命令打开囚车，去掉刑具，又让管仲洗浴更衣，表示希望其能辅助齐桓公治理国家。稍事休息后，管仲对鲍叔牙说："我与召忽共同侍奉公子纠，既没有辅佐他登上君位，又没有为他死节尽忠，实在惭愧。又去侍奉仇人，那该让天下人多么耻笑呀！"鲍叔牙诚恳地对管仲说："你是个明白人，怎么倒说起糊涂话来。做大事的人，常常不拘小节；立大功的人，往往不需他人谅解。你有治国的奇才，桓公有做霸主的远大志愿，如你能辅佐他，日后不难功高天下，德扬四海。"做好管仲的工作后，鲍叔牙赶回临淄，向齐桓公报告。经鲍叔牙的建议，齐桓公同意选择吉日，以非常隆重的礼节亲自去迎接管仲，以此来表示对管仲的重视和信任，也让天下人都知道齐桓公的贤达大度。此后，齐桓公在管仲的辅佐下成就了霸业。

由于管仲系统地论述了治国称霸之道，使齐桓公的全部问题都迎刃而解，不久就拜管仲为相，主持政事。齐桓公为表示对管仲的尊崇，称管仲为"仲父"，把国政分为三个部门，制定三官制度。官吏有三宰，工业立三族，商业立三乡，川泽业立三虞，山林业立三衡。郊外三十家为一邑，每邑设一司官。十邑为一卒，每卒设一卒师。十卒为一乡，每乡设一乡师。三乡为一县，每县设一县师。十县为一属，每属设大夫。全国共有五属，设五大夫。每年初，由五属大夫把属内情况向齐桓公汇报，督察其功过。于是全国形成统一的整体。

军队方面，管仲强调寓兵于农，规定国都中五家为一轨，每轨设一轨长。十轨为一里，每里设里有司。四里为一连，每连设一连长。十连为一乡，每乡设一乡良人。战时组成军队，每户出一人，一轨五人，五人为一伍，由轨长带领。一里五十人，五十人为一小戍，由里有司带领。一连二百人，二百人为一卒，由连长带领。一乡二千人，二千人为一旅，由乡良人带领。五乡一万人，立一元帅，一万人为一军，由五乡元帅率领。齐桓公、国子、高于三人就是元帅。

在经济方面，管仲提出"相地而衰征"的土地税收政策，就是根据土地的好坏不同，来征收多少不等的赋税。这样使赋税负担趋于合理，提高了人民的生产积极性。又提倡发展经济，积财通货，设"轻重九府"，观察年景丰歉、人民需求，来收散粮食和物品。又规定国家铸造钱币，发展渔业、盐业，鼓励与境外的贸易，齐国经济开始繁荣起来。

由于管仲推行改革，齐国出现了民足国富、社会安定的繁荣局面，齐桓公对管仲说："咱们国富民强，可以会盟诸侯了吧？"管仲谏阻道："当今诸侯，强于齐者甚众：南有荆、楚，西有秦晋，然而他们自逞其雄，不知尊奉周王，所以不能称霸。周王室虽已衰微，但仍是天下共主。东迁以来，诸侯不去朝拜，不知君父。您要是以尊王攘夷相号召，海内诸侯必然望风归附。"管仲说的"尊王攘夷"，就是尊重周朝王室，承认周天子的共同领袖的地位；联合各诸侯国，共同抵御戎、狄等部族对中原的侵扰。攘夷于外，必须尊王。尊王成为当时一面正义的旗帜。

尊王攘夷

尊，尊崇；攘，排斥、抵御。这则典故的原意是尊奉周王为中原之主，抵御北方游牧民族。后来这个词成为面对外族入侵时，结成民族统一战线的同义词。

齐桓公执政以来，在管仲的辅佐下，经过了内政、经济、军事等多方面

管仲雕塑

改革，有了雄厚的物质基础和军事实力，适时打出了"尊王攘夷"的旗帜，以诸侯长的身份，挟天子以伐不服。

"尊王"，即尊崇周王的权力，维护周王朝的宗法制度。公元前655年，周惠王有另立太子的意向。齐桓公会集诸侯国君于首止，与周天子盟，以确定太子的正统地位。次年，齐桓公因郑文公首止逃会，率联军讨伐郑国。数年后，齐桓公率多国国君与周襄王派来的大夫会盟，并确立了周襄王的王位。公元前651年，齐桓公召集鲁、宋、曹等国国君及周王宰孔会于葵丘。周公宰代表周王正式封齐桓公为诸侯长。同年秋，齐桓公以霸主身份主持了葵丘之盟。此后遇到侵犯周王室权威的事，齐桓公都会过问和制止。

"攘夷"，即对游牧于长城外的戎、狄和南方楚国对中原诸侯的侵扰进行抵御。公元前664年，山戎伐燕，齐军救燕。公元前661年，狄人攻邢，齐桓公采纳管仲"请救邢"的建议，打退了毁邢都城的狄兵，并在夷仪为邢国建立了新都。次年，狄人大举攻卫，卫懿公被杀。齐桓公率诸侯国替卫国在楚丘另建新都。

经过多年努力，齐桓公对楚国一再北侵进行了有力的回击。

管仲纪念馆

到公元前 655，联军伐楚，迫使楚国同意进贡周王室，楚国也表示愿加入齐桓公为首的联盟，听从齐国指挥，这就是召陵之盟。伐楚之役，抑制了楚国北侵，保护了中原诸国。

齐桓公实行的"尊王攘夷"政策，使其霸业更加合法合理，同时保护了中原经济和文化的发展。为中华文明的存续作出了巨大贡献。

智过鬼泣谷

管仲任齐国相国后，推行了一系列有效措施，使齐国日益强大起来。齐国君主齐桓公被各诸侯推举为盟主。齐国北面的山戎民族却出兵攻打与齐国立盟的燕国，企图削弱齐国的势力。燕国君主亲率 2 万将士出战，却在一个叫鬼泣谷的地方中了山戎部落令支国首领密卢的埋伏，只逃出千余人。接着，山戎连拔三城，燕国急派使者向齐国求援。于是，齐桓公统率 5 万大军救援燕国。

无终国的国君也派遣大将虎儿斑率 2 千士兵助战。被管仲封为先锋将军的虎儿斑，一连收复了燕国失去的那三座城。但杀到一个叫里岗的地方时，却不敢前进了。他对齐桓公和管仲说："前面是鬼泣谷。如果山戎布下埋伏，我们就是插翅也休想过去。燕国 2 万大军就是葬身在那里的！"管仲在路上早就想出了过鬼泣谷的计谋，他对虎儿斑说："将军既然有所顾虑，那你就跟在大军的最后吧。"管仲说着，拿出令牌："王子成父、赵川二将，你俩去前军按令牌所指行事，做好准备，明日清晨过鬼泣谷！"

王子成父和赵川接令牌驾车而去。

第二天天刚亮，一辆辆战车向鬼泣谷驶去。只见马的嘴是被网笼住的；战车的轮子上绑有麻皮，发出的声音很小；战车上站着的将士则披甲握戈，显得格外高大；齐国的战旗在谷风的吹动下发出"哗啦哗啦"的响声。

这时，山戎令支国首领密卢举着"令"字小黄旗，出鬼泣谷的山头上，见齐军进入了他的伏击圈，就一挥小黄旗，喊声："打！"猛然间，箭、石、木齐下，有的击中齐军将士，有的把战车砸得稀巴烂，有的把"齐"字大旗打断了。

密卢挥动狼牙棒，率兵从山上冲将下来。密卢冲到一个身中数箭仍立于战车上岿然不动的齐将前，举起狼牙棒对这齐将的头部狠击一棒。"咚"一声，把齐将的头盔打掉了。他定睛一看，原来被打掉头盔的却是披着衣甲的树桩。密卢知道中计，大惊失色。

此刻，鼓声大作。密卢闻声回头，只见齐国骁将王子成父和赵川率兵直扑过来。密卢大喝一声，挥舞着狼牙棒迎上去。他见远处有一个身材高大的人站在战车上，在观看两军作战，断定是齐国相国管仲，就径直朝那人扑去。所扑之处，齐兵无人抵挡得住。片刻，密卢已杀到管仲面前。说时迟，那时快，战车后数十支箭齐发。密卢惨叫倒地。他手下一员大将冲进重围，把负伤的密卢抢了回去，往山戎的另一部落孤竹国逃去。就这样，管仲智过鬼泣谷，解了燕国之围。

晏子春秋——晏婴

晏婴雕像

　　晏婴，字仲，谥"平"，习惯上多称平仲，又称晏子，春秋时齐国莱地夷维（今山东高密）人。春秋后期一位重要的政治家、思想家、外交家。晏婴是齐国上大夫晏弱之子，据说晏婴身材不高，其貌不扬。齐灵公二十六年（公元前556年）其父晏弱病死，晏婴继任为上大夫，历任齐灵公、齐庄公、齐景公三朝的卿相，辅政长达五十余年。他生活节俭，忧国忧民，敢于直谏，而且谦恭下士，在诸侯和百姓中享有极高的声誉。齐景公四十八年（公元前500年），晏婴病逝。现存晏婴墓在山东淄博齐都镇永顺村东南约350米。其封地为晏城，在今山东省齐河县晏城镇。

　　晏婴头脑机灵，善于辞令。内辅国政，屡谏齐君。对外他坚持原则，捍卫齐国的国格和国威。司马迁非常推崇晏婴，将其比作管仲。

《晏子春秋》

晏婴有名作《晏子春秋》，这是一部记叙春秋时代齐国晏婴的思想、言行、事迹的书，也是我国最早的一部短篇小说集，《汉书·艺文志》称其《晏子》，列在儒家类。《晏子春秋》的语言简练，生动地呈现了晏婴的形象，具有较高的答辩性。书中寓言多以晏婴为中心人物，情节完整、主题集中、讽喻性强、对后人为人处世及外交口才方面有较大的影响与启迪。

晏子使楚

一次，晏婴出使到楚国，楚国国王知道晏婴的个子很矮，就想捉弄他。楚王命人在城墙的大门旁边又开了个五尺来高的洞，请晏婴从那个小洞进去。

晏婴知道楚王要戏弄他，严词拒绝了。他说："到了'狗国'，才走狗洞，我现在是出使楚国，不应该走狗洞。"

招待晏婴的官员听他这么一说，只好请晏婴从大门进去。晏婴进去以后，就拜见楚王。

楚王故意问："是因为齐国再没有别人，才派你来的吗？"

晏婴回答说："齐国的人多极了，仅都城就有上百条街道，人们把衣袖举起来，就可以遮住太阳；人们甩掉汗水就像下雨一样。"

楚王接着问："既然如此，那么为什么派你出访呢？"

晏婴不慌不忙地回答："我们齐国派使节出访很有讲究，对那些精明能干的人，就派遣他们出使那些道德高尚的国家；对那些愚蠢无能的使臣，就派他们出使那些不成器的国家。我是使臣中最愚蠢、最无能的，所以就派到了楚国。"晏婴的话使本打算要戏弄他的楚国君臣们面面相觑，半天说不出话来。

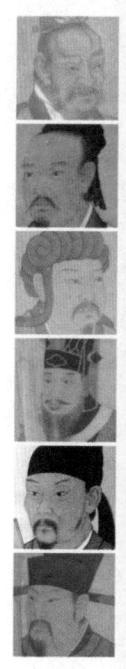

之后，晏婴又有一次出使楚国。楚王听说晏婴要来，就向他的大臣们说："晏婴是齐国最善辩的人。现在他将要到我们楚国来，我想羞辱他一下，你们有什么好主意吗？"

有一个官员建议说："当晏婴来的时候，请允许我捆绑一个人，从大王面前走过，大王就问：'绑着的什么人？'士兵就回答说：'齐国人。'大王再问：'为什么要绑他？'士兵就说：'因为他偷了东西。'楚王觉得这是一个羞辱晏婴的好主意，就按此布置妥当。

晏婴来到楚国，楚王设宴招待他。酒正喝得高兴，两名小官绑着一个人来见楚王。

楚王问道："你们绑的是什么人，为什么绑他？"

士兵回答说："是齐国人，因为他犯了盗窃罪。"

楚王故意看着晏婴说："齐国人天生就喜欢盗窃吗？"

晏婴以南北方柑橘不同来打比方，以说明人在齐国好好劳动，一到楚国便做了贼，也许是两国水土不同吧。使楚王搬起石头砸了自己的脚。

楚王听了晏婴一番反驳，苦笑着承认说："圣人是不能同他开玩笑的，我反而自讨没趣了。"

类似上面晏子使楚的故事还很多。晏婴凭自己的智慧，挫败了一些国家侮辱齐国国格和晏婴人格的阴谋，他的名声也越来越大，成为春秋末期著名的外交家。

二桃杀三士

晏婴在后世人们心目中是智慧的化身。有了晏婴为相，齐景公也就有了恢复齐桓公时期霸业的雄心，但是时间一长，这位好高骛远的国君就熬不住了。他想通过养一批勇士的办法来建立自己的武力。当时，齐景公养了三个勇士：一个叫田开疆，一个叫公孙接，一个叫古冶子，号称"齐国三杰"。这三个人个个勇猛异常，力能搏虎，深受齐景公的宠爱，但他们恃宠自傲，为所欲为。这时齐国田氏的势力越来越大，曾经联合国内几家大贵族，打败了掌握实权的栾氏和高氏。田氏家族势力的增大，直接威胁了国君的统治。而田开疆正属于田氏一族，晏婴很担心"三杰"为田氏效力，危害国家，便劝齐景公除掉这三个"上

历史的天空

中国历代名相

无君臣之义，下无长率之伦，内不以禁暴，外不可威敌”的勇士。齐景公担心“搏之恐不得，制之恐不中”。晏婴决定伺机智杀这三勇士。

一天，鲁昭公访问齐国，齐景公设宴款待。鲁国由叔孙婼执礼仪，齐国由晏婴执礼仪，君臣四人坐在堂上，“三杰”佩剑立于堂下，态度十分傲慢。晏婴心生一计，决定乘机除掉他们。当两位君主酒至半酣时，晏婴说：“园中金桃已经熟了，摘几个请二位国君尝尝鲜吧？”齐景公大悦，传令派人去摘。晏婴忙说：“金桃很难得，还是臣亲自去吧。”不一会儿，晏婴领着园吏，端着玉盘献上六个桃子。众人一见，只见盘子里放着的六个桃子，个个硕大新鲜，桃红似火，香气扑鼻，令人垂涎。齐景公问：“就结这几个吗？”晏婴说：“还有几个没太熟，只摘了这六个。”说完恭恭敬敬地献给鲁昭公、齐景公一人一个金桃。鲁昭公边吃边夸奖桃味甘美。齐景公说：“这桃子实在难得，叔孙大夫天下闻名，当吃一个。”叔孙婼谦让道：“我哪里赶得上晏相国呢？相国内

晏婴墓

37

修国政，外服诸侯，功劳最大，这个桃应该他吃。"齐景公见二人相互谦让，便说："既然二位谦让，那就每人饮酒一杯，食桃一个吧！"两位大臣谢过齐景公，把桃吃了。

这时，盘中还剩有两个桃子。晏婴说道："请君王传令群臣，谁的功劳大，谁就吃桃，如何？"齐景公自然明白晏婴的意图，于是传令下去。

《晏子春秋》

三勇士而赐二桃，故意少其一。不足则争，因使其计功而食桃，意味着功大者得食桃，功小者不得吃。三勇士各言其功，都自认为功大无比。

果然，公孙接率先走了过来，拍着胸膛说："有一次我陪大王打猎，突然从林中蹿出一头猛虎，是我冲上去，用尽平生之力将虎打死，救了国君。如此大功，还不应该吃个金桃吗？"晏婴说："冒死救主，功比泰山，可赐酒一杯，桃一个。"公孙接饮酒食桃，站在一旁，十分得意。

古冶子见状，厉声喝道："打死一只老虎有什么稀奇！当年我送国君过黄河时，一只大鼋兴风作浪，咬住了国君的马腿，一下子把马拖到急流中去了。是我跳进汹涌的河中，舍命杀死了大鼋，保住了国君的性命。像这样的功劳，该不该吃个桃子？"齐景公说："当时黄河波涛汹涌，要不是将军斩鼋除怪，我的命早就没了。这是盖世奇功，理应吃桃。"晏婴忙把剩下的一个桃子送给了古冶子。

　　一旁的田开疆眼看桃子分完了，急得大喊大叫："当年我奉命讨伐徐国，舍生入死，斩其名将，俘虏徐兵五千余人，吓得徐国国君俯首称臣，就连邻近的郯国和莒国也望风归附。如此大功，难道就不能吃个桃子吗？"晏婴忙说："田将军的功劳当然高出公孙接和古冶子二位，然而桃子已经没有了，只好等树上的金桃熟了，再请您尝了。先喝酒吧。"田开疆手按剑把，气呼呼地说："打虎、杀鼋有什么了不起。我南征北战，出生入死，反而吃不到桃子，在两位国君面前受到这样的羞辱，我还有什么面目站在朝廷之上呢？"说罢，竟挥剑自刎了。

　　公孙接大惊，也拔出剑来，说道："我因小功而吃桃，田将军功大倒吃不到。我还有什么脸面活在世上？"说罢也自杀了。

　　古冶子更沉不住气了，大喊道："我们三人结为兄弟，誓同生死，亲如骨肉，如今他俩已死，我还苟活，于心何安？"说完，也拔剑自刎了。

　　鲁昭公目睹此景，无限惋惜，半天才站起身米说道："我听说这三位将军都有万夫不当之勇，可惜为了一个桃子都死了。"

　　齐景公长叹了一声，沉默不语。这时，晏婴不慌不忙地说："他们都是有勇无谋的匹夫。智勇双全、足当将相之任的，我国就有数十人，这等武夫莽汉，那就更多了。少几个这样的人也没什么

了不起，各位不必介意，请继续饮酒吧！"

其实，晏婴早已为齐景公物色了一位文武双全的大将，这就是春秋时威震诸侯的名将田穰苴（司马穰苴），他后来为齐国的江山大业立下了汗马功劳。

格言巧谏君

晏婴和齐景公及群臣到故纪国的纪地游览，手下人无意中捡到了一个精美的金壶，送给齐景公。那金壶的里边还刻着"食鱼无反，勿乘驽马"八个大字。齐景公看了看，故作聪明地解释道："吃鱼不吃另一面，是因为讨厌鱼的腥味；骑马不骑劣马，是嫌它不能跑远路。"众人无不随声附和，赞叹齐景公理解深刻。晏婴在一旁默然良久后说道："臣觉得这八个字里面包含的是治国的道理。'食鱼无反'是告诫国君不要过分压榨百姓；'勿乘驽马'是告诫国君不要重用那些无德无才的人。"齐景公有些不服，于是反问："纪国既然有这么好的名言，为什么还亡国了呢？"晏婴答道："臣听说，君子的主张应该高悬于门上，牢记不忘；纪国却把名言放在壶里，不能经常看见，并且未对照去做，能不亡国吗？"齐景公若有所悟，频频颔首，并对随从的大臣说道："大家要记住金壶里的格言。"

齐景公在牛山上游览的时候望着都城临淄，泪流满面地说："美丽的国都啊，草木多么茂盛！为什么随着时光的流逝，万物都要死亡呢？假若从古到今没有死亡，那么我离开这里将到哪里去呢？"他的两个大臣史孔和梁丘据也跟着流泪："我们依靠君主的恩赐，饭菜可以吃饱，车马可以乘骑，看见死亡临近，心情

历史的天空

中国历代名相

都很悲伤，何况我们的君主呢？"听了他们的这些话，晏婴在旁独自冷笑。

齐景公看晏婴冷笑，便揩眼泪问道："我和我的大臣触景伤情有什么值得你发笑呢？"

晏婴说："假如贤明的君王不生老病死，那么您此时只会在农田里，哪还会有此时的触景伤情呢？正是因为一个人离开了君位，才有机会让另一个人被立为君，也才有机会轮到您当上了国君，可笑您身在福中不知福，却为自己即将死亡而悲伤哭泣，这是很不仁义的啊！我对不仁义的君王及讨好巴结的大臣怎能不讥笑呢？"

齐景公听了十分惭愧，举起酒杯来自己罚自己的酒，又罚史孔和梁丘据两人各一杯酒。

人们常常对自己即将失去的权、势、钱等忧伤不已。殊不知，这些东西是不可能永远被占有的，一味沉迷于这些东西之中，最终会把自己毁了。要想开些，把功名利禄看作过眼烟云，得而不喜，失而不忧，以超然的胸怀对待它们，你才会摆脱它们的束缚，

临淄春色

真正做到"不以物喜，不以己悲"，则可超然物外，做一个自由自在、快乐幸福的人。

机智谏国君

一次，齐景公一匹心爱的马突然死了，齐景公大怒，就下令把养马的人抓来肢解；这时晏婴在场，左右武士正想动手，晏婴上来制止，对齐景公说："杀人总得有个方法，请问尧舜肢解人的时候，从身体的什么部分开始？"尧舜是传说中的仁君，不会因为一匹马而杀人，自然也没有杀人肢解之法，齐景公知道晏婴的意思，就说："那就不肢解罢，把他交给狱官处死算了。"晏婴又对齐景公说："这个人的确该死，但是他还不知道自己犯了什么罪，请让我说说他的罪状，让他知道，然后死个明白，您说好吗？"齐景公说："好啊，那你就说吧！"晏婴就开始述说他的罪状："你犯了三条大罪：国君让你养马你却把马养死，这

马

是一大死罪；所死之马又是国君最喜爱的，这是二大死罪；因为你养死了马而使国君杀人，百姓听说之后一定会怨他，诸侯听说

历史的天空

中国历代名相

之后一定轻视我国，你养死了国君之马，使百姓生出怨恨，使邻国轻视我们，这是第三大死罪。今天把你送到监狱，你知罪吗？"齐景公喟然而叹："请您把他放了吧！放了吧！不要伤了我的仁爱之名。"

齐景公因为一匹马而杀人，这种做法显然是错误的。可是晏婴在这里表面上赞成齐景公，甚至帮助他说话，但实际上则是正话反说，用逻辑上的归谬法把齐景公要杀人的错误归入极端，使齐景公自己省悟自己的错误并加以改正，在幽默中含有机智。

还有一次，齐景公的一个最喜爱的姬妾婴子死了，齐景公守丧，三天不吃饭，坐在那里不离开，左右群臣多次劝说，他就是不听。晏婴进来说："外面来了一个术士和一个医生都说：'听说婴子病死了，他们愿来救人。'"齐景公听了大喜，马上就起来了，说："她的病可以治好吗？"晏婴说："这是客人说的，他一定是良医，请他试试吧。但是他们来救人时得请您离开这里，好好地去洗浴吃饭，他们还要在这里求神。"齐景公听了很高兴，就说："好吧，我马上离开。"趁齐景公离开去沐浴吃饭之际，晏婴下令让棺人马上把死人入殓，入殓之后，他又对齐景公说："医生治不了她的病，我们已经把她入殓，不敢不告诉您。"齐景公听了很不高兴，知道晏婴在这件事上骗了他，就说："您以医生看病为由让我离开，然后把死人入殓又不告诉我。我这个当国君的，已经有名无实了。"晏婴说："您难道不知道死人不能复生吗？我听说，君王臣从叫作顺，君僻臣从叫作逆。今日君不顺而行逆，对贤人礼遇很薄，对嬖妾却悲之甚哀。人死尸朽还想让她复生，哀伤害性，已经有失为君

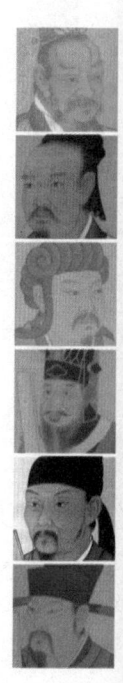

之道了。诸侯宾客听说您这样都不愿意出使我国，本朝大臣看到您这样也羞于当官。按照您的这种行为做事，不能引导好人民；顺从您的欲望，也不能保住国家。您这样是不对的。"齐景公说："我不明白这些，请告诉我怎么做吧。"晏婴说："国家的士大夫、诸侯四邻的宾客，都在外面等着见您，您要哭而节哀。"

齐景公因为死了爱妾而悲伤过度，失去了应该把持的理智，在这种场合，用正常的办法来劝他显然不行。因此，充满智慧的晏婴又采用了另一种"骗"的方法，先谎说医生可以使死人复生，哄骗齐景公离开，把死人入殓，然后去劝说他。这种方式虽然不够"诚实"，但是在当时那种环境下却不失为一个极佳的方法，从这件事中最能看出晏婴随机应变的能力。

晏婴就是这样一个人，他是一个忠臣，一个敢于直言相谏的人，同时他又是一个思维敏锐、头脑灵活、处事机敏的人，因而他能根据不同的时间环境、不同的事件特点和君王在不同时刻的不同心境而采取不同的劝谏方式。

晏婴这样做，是故意把"贤名"让给君王，把"恶名"留给自己。孔子对他大为欣赏，说他既纠正了君王的过失，又使百姓感受到了君王的仁义。

人无完人，不管做到多高职位的人，他总有出错的时候。聪明的下属这时候就会为挽回上司的名声而不遗余力。如果犯错的是上司，这样做的结果可能就是保全了上司对外的良好形象，对上司也好，对自己也好，甚至对整个团队的成员来说都是有极大好处的。于是上司会非常感激你的牺牲，总会找机会投桃报李的。在管理中总充满这样的矛盾，看似付出了很多，实际你收获的更多。

晏婴胜群雄

　　齐国大夫晏婴出使楚国，入朝时，为了嘲讽晏子短小的身材，楚国派身材高大的武士罗列在两旁迎候，晏婴对楚国陪同说："我是为两国友好交往而来，并不是来与贵国交战的。把这些武士撤下去吧。"陪同只得尴尬地叱退武士。

　　晏婴进入朝门，楚国几十员大臣等候着。楚郊尹斗成然首先发话："听说齐国在姜公封国时，强于秦、楚，货通鲁、卫，而自从桓公之后，屡遭宋、晋侵犯，朝晋暮楚，齐君臣四处奔波臣服于诸侯。但凭景公之志、晏婴之贤，并不比桓公、管仲差呀，这是为什么？"晏婴说："兴败强衰，乃国之规律，自楚庄王后，楚国不是也屡次遭到晋、吴二国的打击吗？我们景公识事务，与诸侯平等交往，怎么是臣服呢。你的父辈作为楚国的名臣，不也是这么做的吗，难道你不是他们的后代？"斗成然

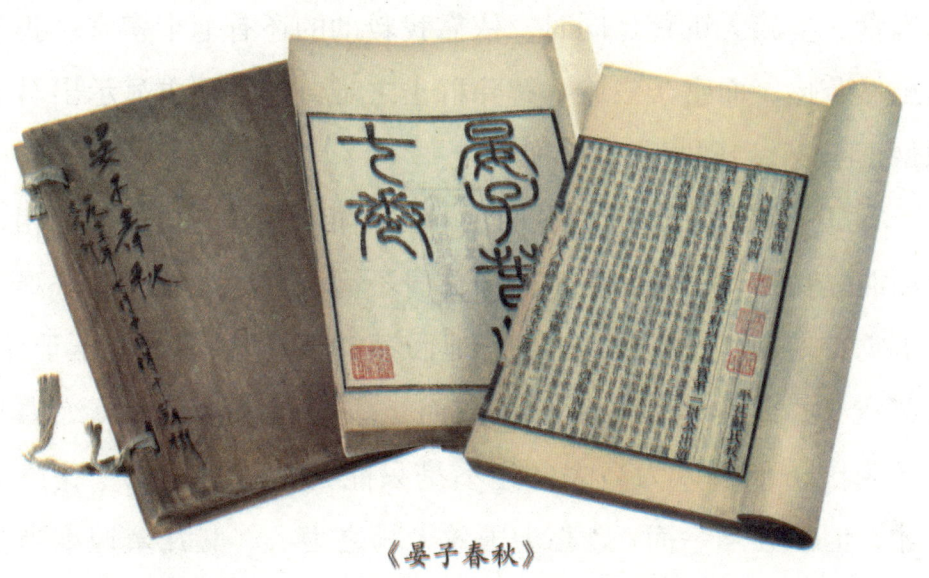

《晏子春秋》

羞愧而退。

楚大臣阳丐上前一步说："听说你很善于随机应变、左右逢源，然而，齐国遭遇崔、庆之难，齐多少忠臣志士为讨伐二人而献出生命，你作为老臣，既不能讨贼，又不能退位，更不能以死相拼，你留在朝廷还有何用？"晏婴说："抱大志者，不拘小节，庄公之死有他自身的错误。我之所以留身于朝中，是要扶助新君立国、强国之志，而非贪图个人的性命。如果老臣们都死了，谁来扶佐君王呢？"阳丐自知无趣退下。

楚右尹郑丹上前逼问："你说得太夸耀，崔、庆之难，高、陈等相并，你只是隔岸观火，并不见你有什么奇谋？"晏婴答："你只知其一，不知其二，崔、庆之盟，我未干与；四族之难，我正在保全君王，这正是宜柔宜刚，怎么说是旁观呢？"郑无话可答。

楚太宰启疆闪出发问："你贵为相国，理当美服饰、盛车马，以彰显齐国的荣盛。你怎么骑着瘦弱的马、穿着破旧来楚呢？我还听说你这件狐裘，已经穿了三十年了，你是不是太吝啬了。"晏婴笑答："你太见小了，我自从居相位来，父辈有衣裘、母辈有肉食、妻族无饥荒。同时，依靠我救助的还有七十多家。我个人虽然节俭，而富于三族、解除群士之难，这不是更显示出君王的德正吗？"启疆叹服。

楚王车右囊瓦指问："我听说君王将相，都是魁梧俊美之相，因而能立功当代、留名后人。而你身不满五尺，力不能胜一鸡，你不觉得羞愧？"晏婴坦然自若地回答："秤砣虽小，能压千斤；舟桨空长，终为水役。侨如长身而被鲁国所杀、南宫万绝力却死于宋国，你自以为高大，还不是只能为楚王御马吗？我虽然不才，但能独当一面，忠心为国效犬马之力。"囊瓦羞愧难当。

楚大夫伍举见大家难当晏婴，忙解围说："晏平仲天下奇才，你们怎么能跟他较劲呢，算了，楚王等着召见呢。"

谏齐景公

齐景公特别喜欢鸟。有一次他得到了一只漂亮的鸟，就派一个叫烛邹（zhú zōu）的人专门负责养这只鸟。可是几天后，那只鸟飞跑了。齐景公气坏了，要亲手杀死烛邹。晏婴站在一旁请求说："是不是先让我宣布烛邹的罪状，然后您再杀了他，让他死

鸟

得明白。"齐景公答应了。晏婴板着脸，严厉地对被捆绑起来的烛邹说："你犯了死罪，罪状有三条：大王叫你养鸟，你不留心让鸟飞了，这是第一条；使国君为一只鸟就要杀人，这是第二条；这件事如果让其他诸侯知道了，都会认为我们的国君只看重鸟而轻视老百姓的性命，从而看不起我们，这是第三条。所以现在要杀死你。"说完，晏婴回身对齐景公说："请您动手吧。"听了晏婴的一番话，齐景公明白了晏婴的意思。他干咳了一声，说："算了，把他放了吧。"接着，走到晏婴面前，拱手说："若不是您的开导，我险些犯了大错误呀！"

羊皮换相——百里奚

百里奚，字子明，也作百里子或百里，世人称其为"五羖大夫"，孟明视之父。春秋时楚国宛（现在的河南南阳）人，也有人说是虞国（今山西平陆县）人。百里奚是秦穆公时贤臣，是著名政治家，《东周列国志》《左传》《史记》等著作中都有关于他的大量记载。

虞国被晋献公灭国，虞君和他的大夫百里奚被俘虏，之后百里奚被用作秦穆公夫人出嫁时陪嫁的奴隶送到秦国。百里奚逃离秦国跑到宛地，楚国边境的人捉住了他。穆公听说百里奚有才能，想用重金赎买他，但又担心楚国不给，就派人对楚王说："我家的陪嫁奴隶百里奚逃到这里，请允许我用五张黑色公羊皮赎回他。"楚国就答应了，交出百里奚。在这时，百里奚已经七十多岁。穆公解除了对他的禁锢，跟他谈论国家大事。百里奚推辞说："我是亡国之臣，哪里值得您来询问？"穆公说："虞国国君不任用您，所以亡国了。这不是您的罪过。"穆公坚决询问。谈了三天，穆公非常高兴，把国家政事交给了他，百里奚谦让说："我比不上我的朋友蹇叔，蹇叔有才能，可是世人没有人知道。我曾外出游学求官，被困在齐国，向烁地的人讨饭吃，蹇叔收留了我。我因而想侍奉齐国国君，蹇叔阻止了我，我得以躲过了齐国发生政变的那场灾难，于是到了周朝。周王子穨喜爱牛，我凭着养牛的本领求取禄位，穨想任用我时，蹇叔劝阻我，我离开了穨，才没有跟穨一起被杀。事奉虞君时，蹇叔也劝阻过我。我虽知道虞君不能重用我，但实在是心里喜欢利禄和爵位，就暂时留下了。我两次听了蹇叔的话，都得以逃脱险境，一次没听，就遇上了这次因虞君亡国而遭擒的灾难，因此我知道蹇叔有才能。"于是穆公派人带着厚重的礼物去迎请蹇叔，让他当了上大夫。

慧眼识英才

百里奚虽然才学过人，但因家境不好没有希望入仕为官。他决定出游列国求仕，于是从南阳出游求仕后，历经宋国、齐国等国家，都没能得到重用。在齐国，百里奚遇见了蹇叔，两人一见如故就结为知己。此后，在蹇叔的举荐下，到虞国当了个大夫。但虞国国君因贪财借道给晋国，被晋国灭掉，虞国君及其大夫百里奚被俘虏。由于百里奚拒绝在晋国做官，被晋国充作奴隶，在穆姬嫁给秦穆公时候，陪嫁到秦国。百里奚在去秦国的途中，逃到楚国。但楚成王

百里奚雕像

《东周列国志》

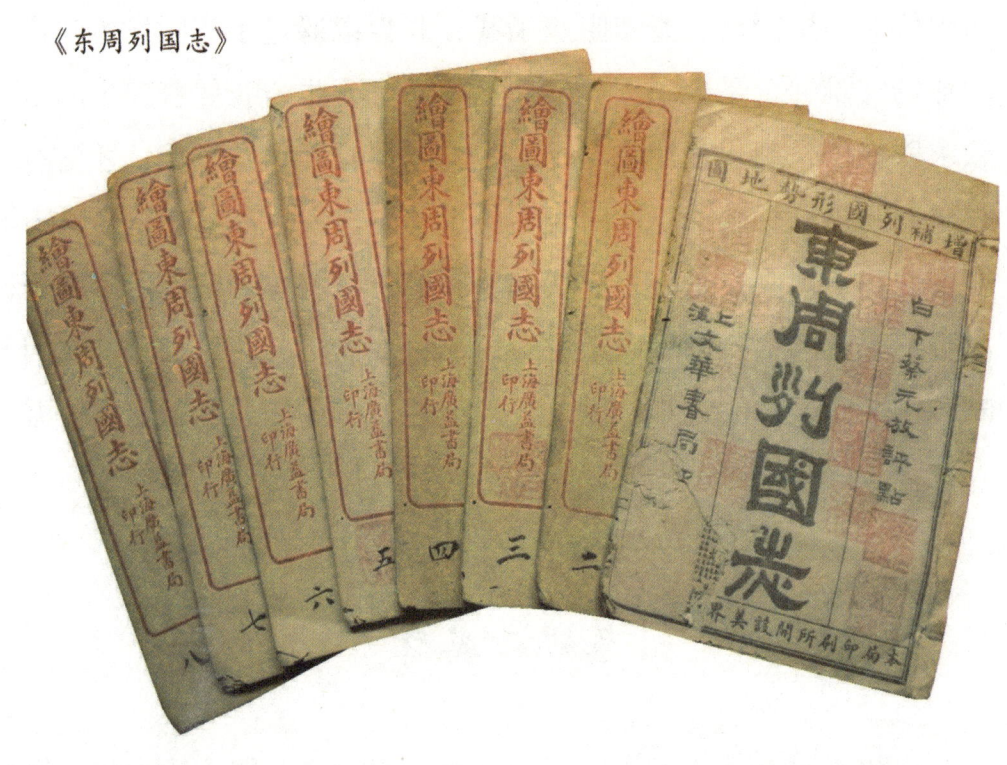

却让百里奚为他养牛。

　　后来秦穆公听说了百里奚是个人才，就想重金赎回百里奚。但他的谋臣公子絷劝他如果用重金赎百里奚，楚国就会知道百里奚是个人才，于是秦穆公就听从谋士的建议用五张黑公羊皮将百里奚换回秦国。

　　百里奚到了秦国以后，为秦国带去了周朝先进的文化、政治和耕作技术，使秦国由一个偏僻的小国一举成为可与晋国、楚国争高低的强国，成为名副其实的春秋五霸，为以后秦国兼并六国、统一中国奠定了基础。

　　百里奚是杰出人物之一，受到人民的爱戴。据记载，百里奚去世后，秦国不论男女都痛哭流涕，连小孩子也不唱歌谣，正在春米的人也因悲哀而不发出相应的号子。

百里奚认妻

　　百里奚的妻子杜氏是个见识非凡的奇女子，她知道自己的丈夫是一个才华横溢的饱学之士。因此，在百里奚三十多岁还在为穷困、怀才不遇而感叹时，他的妻子就鼓励他到各国去游历，这样就会有入仕的机会了。百里奚听了妻子的建议很犹豫，后来妻子杜氏便用激将法将其说服，百里奚才下定决心到各国去闯荡。百里奚临行前，家里已经青黄不接了，妻子将家里唯一的老母鸡杀了给他践行。他出门前，妻子杜氏对她千叮咛万嘱咐：以后如果富贵了，千万别忘了家里还有妻子和儿子。但百里奚一走就几十年，因为他一直都没有得到国君的重用，直到百里奚已经七十岁了才被秦穆公重用，任为相国。

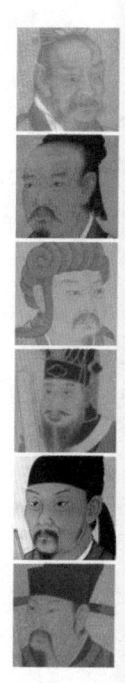

　　百里奚当了丞相后，非常勤政爱民，从不轻易坐车，不管多热也不肯打伞，因为他不愿意走到哪里都带着大群侍卫摆排场。有一次百里奚在府里设宴请大臣聚会，宾主喝到尽兴时百里奚交待歌舞者奏乐演唱举办堂会，来款待客人。在相府内一个洗衣服的女佣听到乐器声后，主动要求为上大夫百里奚演奏一曲，百里奚欣然表示同意。那老妇人走到大庭广众之下，落落大方地援琴抚弦，自弹自唱道："百里奚，五羊皮！忆别时，烹伏雌，春黄齑，炊扊扅。今日富贵忘我为？百里奚，五羊皮，父粱肉，子啼饥。夫文绣，妻浣衣。嗟乎！富贵忘我为？百里奚，五羊皮。昔之日，君行而我啼。今之日，君坐而我离。嗟乎！富贵忘我为？"百里奚听着这委婉幽怨，耐人寻味，字字真切的歌声，非常惊讶，就上前去询问，这才知道原来是自己的结发妻子杜氏千里寻夫来到了丞相府。

原来自从百里奚走后，杜氏历尽千辛万苦抚养儿子，后来杜氏决定带着儿子

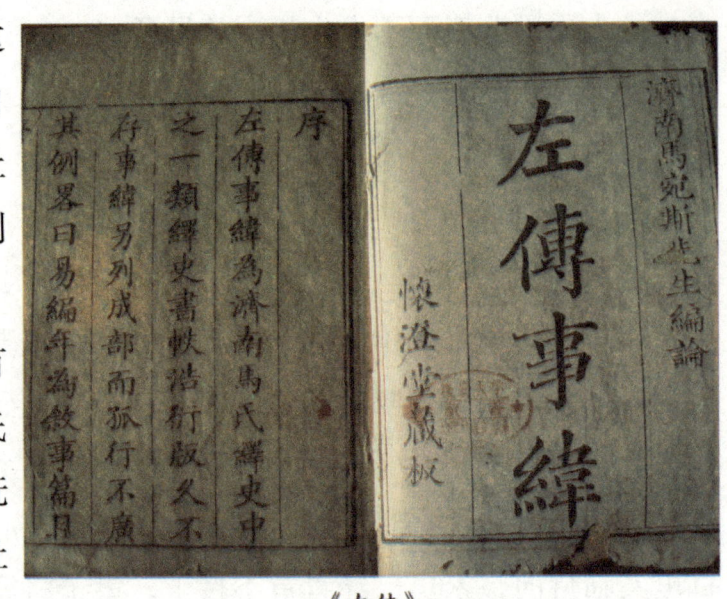

《左传》

出外寻夫。她几经辗转最后来到了秦国，听说百里奚当了秦国的相国，位高权重，她不知道百里奚是否还会认妻，也不知道怎样才能接近他？后来杜氏打听到相府要招几名洗衣工，便应聘进入相府。但一名下人，是无法接近百里奚的。杜氏又听说相府的乐队招人，便向乐队的头领自荐：她会唱歌。杜氏自小生活在素有"歌舞之乡"的虞国山区，她那清亮的山谣立刻打动了头领，把她招为乐队人员。这样，杜氏就有机会接近丈夫了。然后杜氏又利用献歌的机会来试探百里奚是否变心，百里奚听了歌曲，果然认出了妻子杜氏，百里奚知道眼前人是妻子杜氏，就赶忙下阶同杜氏相认，相互倾吐久别之情。他得知儿子自小习武，武功高强，便向秦穆公举荐，秦穆公封百里奚的儿子为将军。从此以后，百里奚在功成名就后也全家团圆了。

变法强国——商鞅

　　商鞅，姬姓、公孙氏，名鞅，卫国人，是战国时期著名政治家、改革家、思想家、军事家，法家代表人物。商鞅是卫国国君的后裔，所以人们也称他卫鞅，因为先秦时期男子是称氏而不称姓的，所以也叫公孙鞅。他因为在河西之战中立下战功获封于商十五邑，号为"商君"，所以被人们称为商鞅。

　　商鞅年轻时喜欢刑名法术之学，受李悝、吴起的影响很大。当商鞅知道秦孝公有争霸天下的野心后，就多次将自己的学识展示给秦孝公，并游说秦孝公采纳自己的政见。终于在商鞅最后一次见秦孝公时，让他接受了自己的富国强兵之策。商鞅通过变法改革将秦国改造成富裕强大之国，史称"商鞅变法"。商鞅改革了秦国户籍、军功爵位、土地制度、行政区划、税收、度量衡及民风民俗，并制定了严酷的法律；商鞅主张重农抑商、奖励耕织；商鞅作为统帅率领秦军收复了河西。最终，商鞅因触犯旧贵族势力，被诬谋反，在黾池被杀，尸身还被车裂。

变法改革

　　商鞅在秦孝公的支持下先后两次实行变法，变法实行后，秦国逐渐强盛起来。变法从政治、军事上都实行了改革，商鞅对经济的改革是以废除井田制、实行土地私有制为重点。这是战国时期各国中唯一用国家的政治和法令手段在全国范围内改变土地所有制的事例。这标志着国家开始实行土地私有制。从法律上废除了井田制度，确立了土地私有制。法令规定，允许人们开荒，土地可以自由买卖，赋税则按照各人所占土地的多少来平均负担。此后秦政府虽仍拥有一些国有土地，如无主荒田、山林川泽及新占他国土地等，但后来又陆续转向私有。这样就破坏了奴隶制的生产关系，促进了封建经济的发展。商鞅还推行重农抑商的政策。政策规定，生产粮食和布帛多的，可免除本人劳役和赋税，以农业为"本业"，以商业为"末业"。因弃本求末，或游手好闲而贫穷者，全家罚为官奴。商鞅还招募无地农民到秦国开荒。为鼓励小农经济，还规定凡一户有两个儿子，到成人年龄必须分家，独立谋生，否则要出双倍赋税。禁止父子兄弟（成年者）同室居住，推行小家庭政策。明确了以农业为"本业"，商业为"末业"，并且限制商人经营的范围，重征商税。这些政策有利于增殖人口、征发徭役和户口税，发展封建经济。

　　在商鞅变法前，秦国各地度量衡很不统一。为了保证国家的赋税收入，商鞅制造了标准的度量衡器，如今传世的"商鞅量"，上有铭文记有秦孝公监造。商鞅还统一了斗、桶、权、衡、丈、尺等度量衡。要求秦国人必须严格执行，不得违犯。

政治上，商鞅的改革是以彻底废除旧的世卿世禄制，建立新的封建专制主义中央集权制，推行郡县制为重点。商鞅在政治方面的重大改革是"集小都乡邑聚为县"，以县为地方行政单位，废除分封制，"凡三十一县"（也有史书认为是41县或36个县）。县设县令以主县政，设县丞以辅佐县令，设县尉以掌管军事。县下辖若干都、乡、邑、聚。商鞅通过县的设置，把领主对领邑内

商鞅雕像

的政治特权收归中央。该措施有力地配合了"废井田、开阡陌"的政策，用政治手段保证了土地私有。巩固了中央集权的封建统治，削弱了豪门贵族在地方的权力。后来，秦国在新占地区设郡，郡的范围较大，又有边防军管性质，因而郡的长官称郡守。后来郡内形势稳定，转向以民政管理为主，于是郡下设若干县，形成秦的郡县制。

此外，商鞅还建立军功爵制，商鞅下令"有军功者，各以率受上爵；为私斗争，各以轻重被刑"，以奖励军功而禁止私斗。规定爵位依军功授予，宗室没有军功的不得列入公族簿籍。

诬告被杀

公元前338年，秦孝公去世，秦惠王继位。公子虔等人诬告商鞅谋反，秦惠王就下令逮捕商鞅。商鞅逃到边关，因没有凭证，客栈以他的法令为证，拒绝收留他。商鞅想到魏国去，但魏国因他曾生擒公子卬，拒绝他入境。他回到自己的封邑商，举兵抵抗，结果失败战亡，而后被下令车裂。

商鞅虽然被害，但新法并未被废除。新法适应时代的发展趋势，这是秦惠王不废新法的原因。同时，商鞅变法也确立了地主占有土地而剥削农民的生产方式。在这次变法之后，秦国的国君秦惠王也就成了秦国最大的地主，这也是秦惠王没有废除商鞅法令的一个重要的原因。

将相和之相——蔺相如

　　蔺相如是战国时期赵国上卿，是战国时期著名的政治家、外交家。在秦国想要吞并天下的时候，蔺相如为赵国立下了汗马功劳，使秦国兼并六国的图谋屡次被粉碎。他不仅机智勇敢，而且胸怀宽广、注重大局，不计较私人名利，以自己的人格魅力来折服自己的对手，是一位令人敬重的政治家。《史记·廉颇蔺相如列传》记载，蔺相如的一生经历有完璧归赵、渑池之会与负荆请罪等事件。

完璧归赵

蔺相如雕像

　　赵惠文王时，赵国得到和氏璧。秦昭王便向赵惠文王提出用十五座城换取和氏璧。大家都知道秦国势大，很可能和氏璧和城池都得不到，但又不得不和秦国交换。这时缪贤就向赵王推荐了蔺相如。于是赵王召见蔺相如，让他带着和氏璧出使秦国。

蔺相如墓

秦昭王章台宫接见了蔺相如。蔺相如将和氏璧献给秦昭王。秦昭王拿着和氏璧高兴地传给大臣看，却不提交换的城池的事。蔺相如就对秦昭王说："和氏璧上有瑕疵，我指给大王看看。"秦昭王将和氏璧交给蔺相如，蔺相如就捧着璧对秦昭王说："我看大王拿了和氏璧却并不想将十五座城给赵国，所以又把和氏璧取回来。大王若是要逼迫我，我的头就会和氏璧一起撞碎在柱子上！"

秦昭王见此怕蔺相如真的撞碎和氏璧，就婉言道歉，还拿地图给他看交换的十五座城。蔺相如明白秦昭王不过是在用缓兵之计，就让秦昭王斋戒五天，才肯献上和氏璧。秦昭王没办法只好答应斋戒五天，并将蔺相如安置驿馆里。蔺相如回到驿馆，就让他的随从穿着粗布衣服带着和氏璧，从小道逃回赵国。

等秦昭王斋戒五天后，就宴请蔺相如，蔺相如见到秦昭王就对他说："秦国从来就没有信守承诺的君王。我害怕受大王欺骗而对不起赵国，就派人将和氏璧送回赵国了。秦国如此强大，大王派一个小小的使臣到赵国，赵国立刻会将和氏璧再次送来的。但前提是秦国要先将交换的十五座城给赵国，赵国肯定不敢得罪大王不给和氏璧的。我知道欺骗大王会被处死，我请求受刑。希望大王和大臣们仔细商议这件事。"

蔺相如回车巷纪念碑

秦昭王见此无可奈何，又不能杀死蔺相如，怕破坏了秦、赵的友好关系，因此只好让他回赵国去。蔺相如回国后，赵王很高兴，任命他做上大夫。

渑池会盟

后来，秦国攻打赵国，赵国战败。秦昭王派人议和，约赵惠文王在西河外渑池相会。赵惠文王在廉颇和蔺相如的劝说和保证下同意赴会。

赵惠文王渑池会见秦昭王，席间，秦昭王请赵惠文王弹瑟，赵惠文王无法推辞只好弹起瑟来。秦国的史官就记载："某年某月某日，秦昭王与赵王宴饮，赵王为秦王弹瑟。"蔺相如就走向前去逼迫秦昭王敲缶，秦昭王大怒拒绝，蔺相如就跪在秦昭王面前说："如果大王不肯击缶，我们相距五步距离，大王不答应，我拼死也会让大王血溅满身！"秦昭王身边的侍从拔刀要杀蔺相如，蔺相如怒声喝退。秦昭王只好敲了一下瓦缶。蔺相如让赵国史官记载："某年某月某日，秦昭王为赵王击缶。"秦国的众大臣又说："请赵王用赵国的十五座城来给秦王祝寿。"蔺相如就立刻回道："请秦王将都城咸阳送给赵王祝寿。"会盟结束后，秦昭王没能占到便宜，但看到赵国在边境有大量陈兵，也无法占到

上风，只好让赵惠文王安全回国。

负荆请罪

蔺相如祠

蔺相如因两次力挫秦昭王，立下大功，赵惠文王就封蔺相如为上卿，比廉颇的官位高。廉颇很不服气，总是和蔺相如过不去。但蔺相如并不以为意，一直回避廉颇。有一次，蔺相如出门，看到廉颇远远过来了，就赶紧避开了廉颇。蔺相如的门客见蔺相如这样很气愤。蔺相如就对他们说："你们觉得是廉将军厉害，还是秦王厉害？"门客说："当然是秦王厉害了。"蔺相如又问："秦王那样厉害，我都不会退缩，难道我会害怕廉将军吗？不过是因为我明白，秦国不敢攻打赵国，就是忌惮我们赵国文有我蔺相如，武有廉颇。若是我俩争斗起来，赵国的实力就会被削弱，那秦国就会很容易打下赵国。我对廉将军一再退让，是因为我认为国家利益重于我们的私人恩怨！"

门客听了蔺相如的话，都很感动，也更加敬佩蔺相如。他们从此也对廉颇手下的人处处谦让。后来廉颇听说了此事，为蔺相如宽大的胸怀所感动，也愧悔自己的小气。于是他脱掉上衣，背着荆杖，去向蔺相如请罪，他羞愧地说："我是个粗陋浅薄的小人，感谢您的宽容。"

蔺相如亲自解下廉颇背上的荆条，真诚地请他坐下。两人从此誓同生死，成为至交，一起保卫赵国。

历史的天空

中国历代名相

谋才如海——李斯

李斯，秦朝丞相，楚国上蔡（现在的河南上蔡县）人，是中国历史上著名的政治家、文学家和书法家，人称"千古一相"。作为文学家的李斯，传世的作品不多，散文现传四篇，为《谏逐客书》《论督责书》《言赵高书》《狱中上书》。秦始皇统一天下，李斯功不可没，而在巩固秦王朝时，李斯更是功勋卓著，从政治、经济和文化上入手，制定各项措施，对中国和世界产生了深远的影响，奠定了中国两千多年政治制度的基本格局。李斯的一生功过都有，他因嫉妒害死了韩非，最后又被赵高害死。

李斯的人生有三个大转折点：师于荀子、佐于嬴政、罪于赵高。李斯一开始是个小吏，后来跟随荀子学帝王之术，学成后被吕不韦举荐给秦始皇，并辅佐秦始皇统一天下。秦统一天下后，李斯与王绾、冯劫议定尊秦王政为皇帝，并制定礼仪制度，然后实施各项措施，从政治、文化、经济等方面巩固秦朝的中央集权制度。秦始皇死后，李斯与赵高合谋，扶持少子胡亥为二世皇帝。后来得罪赵高，被赵高设计陷害，在咸阳闹市被腰斩，还被夷三族。

千秋功过

秦统一以后，李斯提出将全国分为三十六郡，郡以下为县。郡县制相比分封制是一个进步，有利于国家的统一。然后在文化上提出"书同文字"的建议，命令全国禁用各诸侯国留下的古文字，一律以秦篆为统一书体。为了推广统一文字，李斯亲作《仓颉篇》七章，每四字为句，作为学习课本，供人临摹。不久，李斯又采用秦代一个叫程邈的小官吏创造的一种书体，打破了篆书曲屈回环的形体结构，形成新的书体——隶书。从此，隶书便作为官方正式书体，盛于汉，直到魏晋楷书流行才渐被取而代之。但作为书法艺术，篆书、隶书因其独具一格，深受后人喜爱。为了一统各国后经济的交流和发展，李斯又建议将度量衡从混乱不清的状况下明确统一起来。几千年来，这种计量方法并没有随着改朝换代而消亡，而是长久地流传下来。为了出行方便，李斯还以京师咸阳为中心，陆续修建了两条驰道，将全国各地联系在一起。同时，为与道路配套，李斯还规定车轨的统一宽度为六尺，以此保证车辆的畅行无阻。因以前各国的钱币不同，经济交流上非常不方便，李斯便上书秦始皇统一货币，同时规定货币的铸造权归国家所有，私人不得铸币，违者定罪等。李斯此举被后人认为是经济史上的一个创举。他所主持铸造的钱币因其造型设计合理、

李斯墓

使用携带方便，一直使用到清朝末年。

李斯、秦始皇、蒙恬雕像

　　至此，李斯在他辅佐秦始皇匡扶天下的过程当中，完成了他最后一个使命。纵观李斯这些作为，可以这样说，中国几千年的历史当中，名相、重臣比比皆是，累世之功不乏其主，但大多不过功在当朝，时过则境迁。而李斯几乎每干一件大事都能产生影响千年的效果，并荫及后代。司马迁在《史记》中评价李斯时说：李斯作为一个普通平民事秦，利用机遇和能力辅佐秦始皇终成霸业。

　　李斯为国家作出了巨大的贡献，但也有很多人生的污点。韩非和李斯都是荀子的学生，两人是同学关系，而韩非的学说受到秦始皇的肯定。李斯知道后非常嫉妒韩非的才能，尤其是秦始皇看到韩非的《孤愤》和《说难》后，对韩非推崇备至，甚至亲自给韩王写信逼迫他将韩非送到秦国。李斯见了很害怕秦始皇会重用韩非而取代自己，就想办法在秦王面前诋毁韩非，还说韩非会帮助韩国对付秦国，应该将他囚禁起来。秦始皇听信李斯的话，就将韩非关起来，李斯趁机逼迫韩非服毒自杀，等秦始皇后来悔悟时，韩非已经死了。李斯的另一个污点是促成了历史上著名的焚书坑儒事件，因此关于李斯的功过实在难以评说，若是没有这些污点，也许李斯的功绩可与周公、召公媲美。

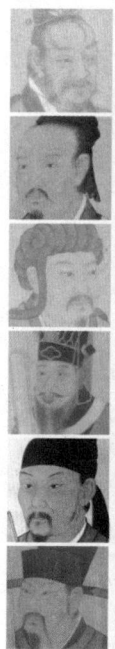

六出奇计——陈平

陈平，阳武（现在河南原阳）人，西汉王朝的开国功臣之一。在楚汉相争时，曾多次出计帮助刘邦。汉惠帝时，曾任右丞相，汉文帝时迁左丞相。曾先后受封户牖侯、曲逆侯，死后谥献侯。陈平是伟大的谋略家，据说他曾六出奇计，第一计是反间计，除去了项羽的谋士范增；第二计是金蝉脱壳，在荥阳脱险；第三计是设计十面埋伏，迫使项羽乌江自刎，统一天下；第四计是请君入瓮，擒住韩信；第五计是美人计，借力阏氏解除白登之围；第六计是缓兵之计，智释樊哙。但历史上对于这六计的说法很多，争议也很多，史书上明确记载的只有前五计，其余无从考证。但这些也足以说明陈平的机智和谋略很少有人能比得上。

反间计

楚汉时期，汉王刘邦被楚军围困在荥阳城一年之久。刘邦请求割荥阳以西以求和，项羽却不答应。面对这危急的形势，刘邦向陈平问计，陈平就说："项王主要依靠范增、钟离昧、龙且和周殷几个人。主公如能舍得几万斤黄金，可施反间计，使他们君臣相互猜疑。项羽本来就好猜忌信谗，必然引起内讧而互相残杀。到那时，我军乘机反攻，势必破楚。"刘邦觉得陈平说的有道理，就给了陈平4万斤黄金，任其支配。

陈平于是就开始用这笔钱积极在楚军中施行他的反间计。他一面派使者入楚，致书项羽，一面又用重金收买了一些楚军将士，让他们四处散布流言蜚语，说范增、钟离昧等大将为项王带兵打仗，功劳很多，却始终得不到项王分封的土地，也得不到侯王的爵号，他们心里有怨气，打算同汉军联合起来，去消灭项氏，瓜分项氏的土地而自立为王。

项羽听到那些流言疑心顿生，就派使者进城探听虚实。楚王使者进入荥阳城，陈平带人列队出迎，并把使者请进客厅，摆下丰盛的酒席。陈平假意作陪，殷勤问道："范亚父派贵使前来有何见教？范老先生和钟离将军一切都好吧？他们有书信吗？"楚使者被问得莫名其妙，不知如何回答，只好说："我乃霸王亲遣的使者，如何有范老先生和钟离将军的信札？"陈平听罢，故意皱起眉头说："噢！原来你不是范老先生和钟离将军派来的。"陈平说完就傲慢地走了出去。楚使者看着这一切，心里十分纳闷，正在发愣，进来一些侍从，七手八脚就把满案饭菜撤掉了。一会儿，进来一个侍女给他换上一碗菜汤，一个馒头。楚使者一见，十分恼火，心想，他们把范增、钟离昧看得如此尊贵，而把项王视同草芥，这其中必有奥秘，说不定范增、钟离昧早

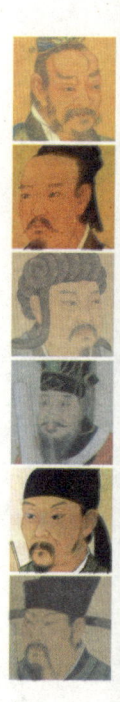

河南原阳

就和他们串通在一起了！

楚使者受到羞辱，非常生气，一返回楚营，便把详情一五一十地向项王禀报了。项羽听罢顿时大怒，说道："怪不得近日营中议论纷纷，说亚父和钟离将军私通汉王，心存异志，看来这不是空穴来风啊……"项羽起了疑心，对钟离昧渐不信任，对范增也日益疏远。范增是不主张与汉军谈判的，希望楚军能一鼓作气，攻下荥阳，捉住刘邦。他越劝项羽进攻荥阳，项羽就越是怀疑他与刘邦在要什么花招。范增非常气愤，请求退隐山林。项羽也不阻拦，竟然准其所请。

范增解甲归田，在回老家居巢（今安徽桐城南）的路上，因为气恼，背上生了痈疽而病重，很快就去世了。项羽听说了范增的死讯，才知道自己中了反间计，非常痛悔。就这样，一代谋士范增竟死在一个小小的反间计下。

请君入瓮

公元前 202 年 2 月，刘邦登皇帝位，封韩信为楚王。不久就有人上书告发楚王韩信谋反。刘邦向诸将征询对此事的意见。诸将都说："赶紧发兵，活埋这个忘恩负义的小子！"这高祖刘邦自知这些并不是好主意，就没有吭声。

这时，张良已经借口有病而功成身退了，只有陈平依然是刘邦身边最重要的谋士。刘邦便向陈平请教，陈平开始不肯出主意，直到刘邦再三追问，并说："我打算派兵前去讨伐他，你看怎么样？"陈平沉着地反问道："这次有人上书告发韩信造反的这件事，还有人知道吗？"刘邦说："没人知道。陈平又问："那韩信自己知道吗？"刘邦回答："也不知道。"陈平低头沉思了一会儿，又问："陛下的军队比韩信的军队厉害吗？"刘邦回答："不见得。"陈平又问："陛下手下的战将中，有谁在战场上能敌过韩

韩信雕塑

信？"刘邦回答："没有人能敌得过他。"陈平说："军队实力不如韩信，将领又不是韩信的对手，现在您反而要出兵去打韩信。一旦引起战争的话，胜负就难以预料了。这样做我真是很为陛下担心啊！"

刘邦一听，十分着急，连忙问有没有什么稳妥的办法。陈平说："古时，天子常常在全国各地巡行，会见各地的诸侯。南方有一个地方叫云梦泽。陛下装作出游云梦泽，要在陈州会见各路诸侯。陈州在楚地西界，韩信听到天子出游，又到了他的地盘上，他当然会来谒见。当他谒见陛下的时候，您便可以把他抓起来。这样就不用派兵，只需一个武士就足够了。"

刘邦依计行事，韩信果然在路中央迎候。刘邦便让埋伏下来的武士将韩信捆得结结实实，投入囚车中。后来，刘邦把韩信贬为淮阴侯，留居京城，不让他到外地任职，韩信也就不能再有所作为了。陈平的这一计谋，避免了一场战争，消除了再度分裂割据的祸根，维护了新王朝的统一与安定。

鞠躬尽瘁——诸葛亮

诸葛亮画像

诸葛亮，字孔明，号卧龙（也作伏龙），汉族，徐州琅琊阳都（今山东临沂市沂南县）人，是三国时期蜀汉丞相，杰出的政治家、军事家、散文家、书法家。他在世时被封为武乡侯，死后追谥忠武侯，东晋时被追封为武兴王。刘备三顾茅庐，诸葛亮随他出仕，转战南北，为匡扶蜀汉政权，呕心沥血，"鞠躬尽瘁，死而后已"。曾发明木牛流马、孔明灯等，并改造连弩，叫作诸葛连弩，可一弩十矢俱发。六出祁山，最终病逝五丈原。诸葛亮在后世受到极大尊崇，成为后世忠臣楷模，智慧的化身。后人对于诸葛亮的推崇在《三国演义》的小说中可见一斑，陆逊曾经评论小说中的诸葛亮"多智近乎妖"。诸葛亮在文学上的成就也很高，其散文代表作有《出师表》《诫子书》等。

诸葛氏是琅邪的望族，先祖诸葛丰曾在西汉元帝时做过司隶校尉，诸葛亮父亲诸葛圭在东汉末年做过泰山郡丞，去世很早。诸葛亮自幼父母双亡，与弟弟诸葛均一起被叔父养大，叔父诸葛玄被袁术任命为豫章太守，后来被朱皓取代了，诸葛玄只好去投奔荆州刘表，诸葛亮则隐居南阳。诸葛亮年少时常以管仲、乐毅自比，当时的人对他都是不屑一顾，只有好友徐庶、崔州平等好友相信他的才干。他与当时的襄阳名士司马徽、庞德公、黄承彦等有结交。

隆中对纵观天下

　　刘备一直想要成就一番大事业，但却没有良臣谋士，他在依附刘表，屯兵新野时，听说诸葛亮是当地的俊杰，就想请他出山。刘备带上厚礼亲自去拜访诸葛亮，诸葛亮想考验他，就一直不见，三次之后，诸葛亮见他心诚便与他见面。这次，诸葛亮与刘备的谈话内容就是名震天下的《隆中对》。诸葛亮为刘备分析天下形势，认为曹操政权已经稳固，动摇不了，可以联合东吴共同抗拒曹操，提出取荆州和益州，然后三方势力成鼎足之势，然后再进攻中原的战略构想。刘备听了大喜，力邀诸葛亮出山，诸葛亮答应下来。就

诸葛亮塑像

这样，诸葛亮作为刘备的军师，为刘备出谋划策，打下了蜀汉江山。

赤壁一战局势定

　　曹操在北方局势稳定之后，决定亲自率军南征，一路上势如破竹。孙权先派鲁肃探听刘备的情况，诸葛亮劝说刘备与孙权联手，刘备听取了诸葛亮的建议，驻兵在长江东岸的夏口。但当时东吴的局势复杂，张昭等人见曹操来势汹汹，就主张投降。这时

诸葛亮塑像

诸葛亮与鲁肃一起回到柴桑，分析局势、舌战群儒，点出曹军从北方一路南征，已经疲惫不堪，而且也不习惯在水上作战，收服的荆州水军也需要整编训练，因此实力并没有看上去的强。诸葛亮又用激将法刺激孙权，最终与孙权达成一致。孙权、刘备联手，孙权派周瑜带兵到樊口与刘备会合，与曹军在赤壁相遇。当时曹军中已经瘟疫流行，而新编水军及新附荆州水军难以磨合，士气明显不

诸葛亮塑像

足，因此初战被周瑜水军打败。曹操只好将水军"引次江北"与陆军会合，把战船靠到北岸乌林一侧，操练水军，等待良机。曹操因为北方士卒不习惯坐船，于是将舰船首尾连接起来，人马于船上如履平地。周瑜则把战船停靠南岸赤壁一侧，隔长江与曹军对峙。周瑜和诸葛亮见曹军将战船连起来，都觉得用火攻最好，于是周瑜的部将黄忠便自愿献苦肉计，假装投降曹操，带着装满易燃物品的小船驶进曹军中。曹军毫无防备，霎时间，曹军大船一片火起，还波及到岸上。曹军被烧死和溺死的不计其数，孙刘联军趁机大败曹军。曹操见此，只好带领残兵从华容道急急败走，一路逃回北方。赤壁一战之后，天下局势三分，鼎足之势成立，刘备在诸葛亮的辅佐下终于有了一席之地。

白帝城刘备托孤

刘备的大将关羽因轻敌中了东吴吕蒙的白衣计，不但失了荆

州还被擒身死，刘备为了给关羽报仇，倾全国的兵力讨伐东吴，被东吴的陆逊火烧联营七百里大败退走。刘备退到白帝城后一病不起，召诸葛亮等人托付后事。刘备临终前对诸葛亮说："君才十倍曹丕，必能安国，终定大事。若嗣子可辅，辅之；如其不才，君可自取。"诸葛亮哭着说："臣敢不竭股肱之力，效忠贞之节，继之以死乎！"刘备让刘禅视诸葛亮如父。

刘禅继位后，封诸葛亮为武乡侯，开设官府办公。不久，再领益州牧，政事上的大小事务，刘禅都依赖于诸葛亮，由诸葛亮决定。

为蜀汉南征北战

刘备去世后，南中地区乘机叛乱，建兴三年春天，诸葛亮率军南征，他采取参军马谡的建议，以攻心为主，打败雍闿军，

诸葛亮城雕型

诸葛亮塑像

设计七次擒住孟获，又七次放了他，最终使他诚心归顺。南中安定后，蜀汉获得大量的资源，为北伐做好了准备。

建兴六年春，诸葛亮事先扬声走斜谷道取郿，让赵云、邓芝设疑兵吸引曹真重兵，自己率大军攻祁山（今甘肃省西和县西北）。陇右的南安、天水和安定三郡反魏附蜀，关中震响。魏明帝西镇长安，命张郃率领步骑五万人前往，大破马谡于街亭。而同时赵云寡不敌众，失利于箕谷。诸葛亮乃拔西县千余家返回汉中。第一次北伐失败。建兴六年冬，诸葛亮趁魏兵东下，关中虚弱，趁机北伐，出兵散关（今陕西省宝鸡市西南）围陈仓（今陕西省宝鸡市东），为魏将郝昭所拒，诸葛亮劝降不成，而又粮草不继，不得已退回汉中。之后诸葛亮又多次出汉中，两次出祁山，最终也未能成功，建兴十二年八月，诸葛亮因过于操劳而病逝于五丈原。

东晋开国宰相——王导

"朱雀桥边野草花，乌衣巷口夕阳斜。旧时王谢堂前燕，飞入寻常百姓家。"相信这首刘禹锡的《乌衣巷》很多人都读过，诗里面的王谢指的就是东晋的宰相王导和谢安。王导作为东晋的开国宰相，为东晋政权的建立和巩固，作出了巨大贡献。

辅佐琅琊王

王导出生在西晋时期的名门望族，他的祖父是光禄大夫王览，他的父亲王裁当时在朝廷里任镇军司马，在年少的时候就很有见识和胆量。陈留有一位姓张的老人，是当地非常有才华的名士，当他见到王导之后感到非常惊奇，就对王导的哥哥王敦说："这孩子从相貌上看就很有气度，将来一定是当将军、宰相的料。"后来，王导的父亲去世了，王导继承了祖父的爵位。长大之后的王导为人聪慧机敏，在当地小有名气，当时的司空刘寔听说王导很有才华，就想任命他为东阁祭酒，后来又把官职提升到了秘书郎、太子舍人，但是他却没有去赴任，而是到东海王司马越那里做了一名参军。

当时的晋元帝司马睿还只是琅琊王，他和王导的关系一向很亲密。王导仔细分析了当时的局势，知道天下已经有动乱的迹象，于是就开始全心全意地辅佐司马睿，而且暗自在心中许下了远大的志向：一定要帮助司马睿复兴国家。而司马睿也非常信任和器重王导，两人就像是无话不说的好朋友一样。当司马睿还在洛阳的时候，王导总是劝说他要尽快回到自己的封地去。当司马睿被朝廷派去镇守下邳的时候，就专门派人去请王导担任安东将军司马，专门负责军事策略上的谋划，一切有关军事上的事，司马睿都会听从王导的安排。后来，当司马睿又被调往镇守建康（今天的南京）的时候，吴地的人却都不愿意投靠他，到建康都已经一个多月了，当地的名门望族或者普通百姓都没有人来拜访他，因为这件事，王导很为司马睿着急。说来也巧，正好遇上王导的哥哥王敦来拜见司马睿，王导就对他说："琅琊王虽然为人很仁义，品行和道德也很高尚，但是名气和声望还不够大，你现在的威望和名声都已经很高了，应该帮一帮琅琊王才对。"当时正是三月份，司马睿亲自来到郊外观看人们的祈福活动，他乘着肩扛的轿子，摆着全副的仪仗，而王敦、王导等人和其他一些知名的人士都骑马跟随。吴人纪瞻、顾荣都是江南地区的名士，听说了这件事便偷偷地跑来观看，当他们看见

王导浮雕

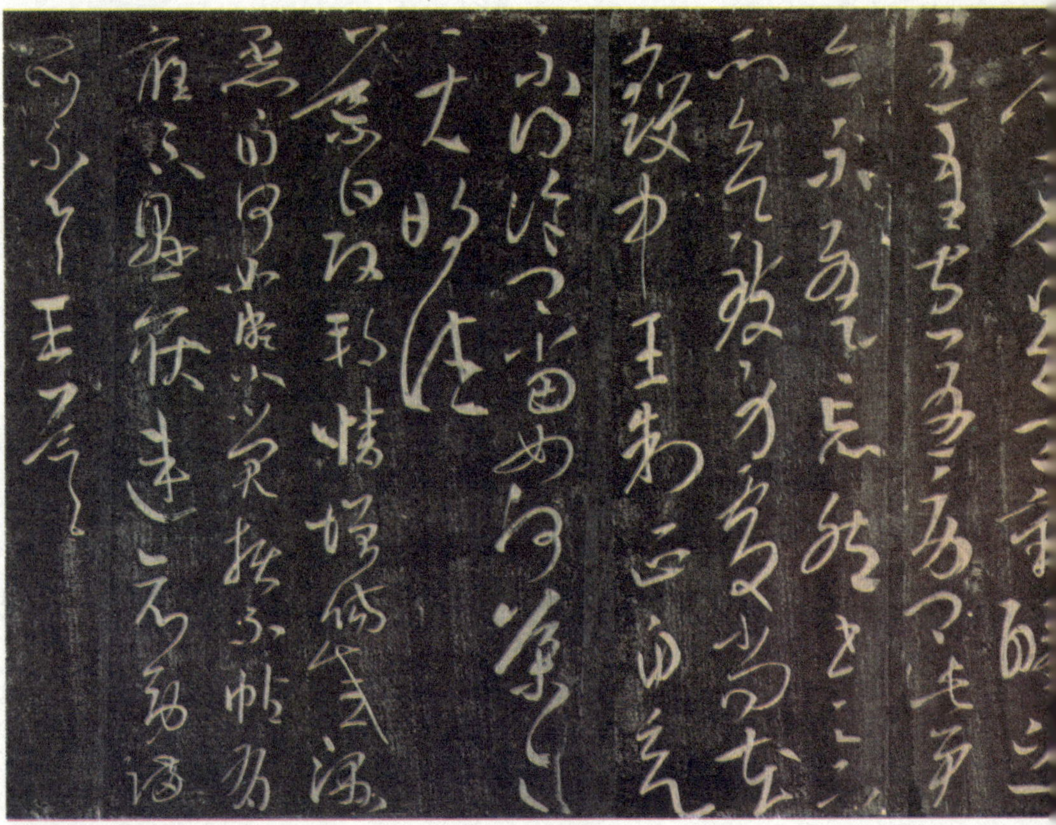

王导省士帖

王敦、王导等人对司马睿竟然如此恭敬，都大吃一惊，于是都拜倒在路边迎接司马睿。于是王导又向琅琊王司马睿献上一条计策，他说："古代的帝王，没有不对这些元老、旧臣以礼相待的，他们都会亲自查访当地的风土民情，而且谦虚待人，约束自己的行为，招揽天下的贤才。更何况现在天下大乱，国家四分五裂，您复兴国家的大业才刚刚开始，正是需要人才的时候，而顾荣、贺循都是当地有声望的名人，不如好好结交他们来收服人心。这两人来了，其他人就没有不来的了。"于是司马睿就派王导亲自去拜访贺循、顾荣，两个人都应召前来。从此，吴地的名士都纷纷归顺司马睿，百姓也纷纷前来投靠。从那以后，王导和司马睿相互依靠，君臣的关系也确定了下来。

建立东晋

　　不久之后，京城洛阳被攻陷，中原的人士为躲避战乱大量逃往南方，王导趁机劝说司马睿招揽人才，扩充自己力量，以便谋取天下。当时，荆州和扬州社会比较安定，而且人口众多、物产丰富，王导的治理方法讲究的是清静，为此他常常劝说司马睿要约束自己的行为，树立清正廉明的形象，励精图治。而他自己则是尽心尽力辅佐司马睿治理国家，于是越来越受到司马睿的器重。两人的感情也越来越深厚。朝野上下，都十分敬重王导，称王导为"仲父"。司马睿曾经真诚地对王导说："你就是我的萧何啊。"王导回答道："过去秦朝无道，天下的百姓深受乱世之苦，而那些狡诈的人又趁机欺凌践踏人民，人们因为被刘邦的恩德感动，一同起来反抗秦朝，所以刘邦才能成就大业。自从曹魏建国以来，一直到太康时期，公卿士大夫及一些门阀世族，都奢侈挥霍相互攀比，圣贤的教导逐渐都忘到了脑后，朝廷制定的法律，也没人遵守了，大大小小的官员，都沉溺在享乐之中，这样才使得一些奸诈的小人有可乘之机，最终导致朝政腐败，国家受到危害。然而混乱过后将会出现安定，这是天地间的规律。大王您要建立盖世的功勋，重新统一天下，管仲、乐毅这样的人才就会出现，不是我们这样普普通通的臣子所能相比的。希望您能深谋远虑，广泛地招揽人才。顾荣、贺循、纪瞻、周玘，都是南方的名士，希望您对他们以礼相待，那么天下就可以安定了。"司马睿采纳了王导的建议。

　　公元 312 年，王导被任命为丹阳太守，加封为辅国将军。

王导向朝廷上奏章说："当年魏武帝曹操，是位通达政理的君主。荀彧，是功臣中最杰出的人，封侯也不过是亭侯。曹冲是他最宠爱的儿子，也不过授予了别部司马的职务。用这样的办法处理所有的事情，人们能不谨慎吗！可是现在的执政者，无论贵贱还是贤愚，都封给高官厚禄，所以他们动不动就相互攀比摆架子，有些没有得到了，便觉得很羞耻。天子和官员之间的界限混杂不清，朝廷的威望日渐降低。王导我肩负重任，不能为朝廷清理河山，却开启了导致混乱的开端，给我这样高的爵位，会弄乱了朝廷的规章制度，请以后慎重，不要轻易这么去做，就从我王导开始吧。"他对封赏坚决不接受。王导的做法也得到了所有人的敬重。

后来，司马睿正式称帝，建立东晋，他就是晋元帝。司马睿能从一个默默无闻的琅琊王，最后成为东晋的开国皇帝，这与王导的大力支持是分不开的。

稳定政权

东晋虽然建立起来，可是内部仍然矛盾重重，主要就是南方士族和北方士族之间的矛盾很深。自从西晋灭掉东吴，南方的人士就受到歧视，不被重用。西晋灭亡后，北方那些流亡而来的人往往都在东晋官居高位，而南方的士族，如贺循后来担任太常、纪瞻担任侍中，都只是没有实权的虚职而已，所以南方士族有诸多的不满。王导为了缓和两方的矛盾，专门学习说吴地的方言。以说洛阳话作为正统的北方士族刘惔就曾经讽刺王导没什么特长，只会说些吴地的方言罢了。王导曾经向南方士族陆玩求亲，陆玩拒绝他说："小土坡长不了松柏这样的大树，香草和臭草不能放到一个篮子里，我陆玩虽然没什么才能，但是在道义上绝对不能开乱伦的先例。"

当时的江南士族分为两种，一种是文化士族，一种是武力强宗，前者比较容易拉拢，但后者很难驯服。义兴郡的周玘就是当时南方最大的强宗之一。他因为受到北方士族的侮辱，准备起兵造反，用南方人来代替北方人，阴谋败露后，忧愤而死，临死嘱咐儿子周勰说："杀我的是北方人，能替我报仇的，只有你了。"周勰按照父亲的遗志，想要起兵攻打王导。于是先谎称是他叔叔周札的命令，聚集了几千人，但周札知道后坚决不同意，周勰因为害怕也没有敢发兵。但周勰的同族兄弟周续却聚众响应，发动叛乱。晋元帝想要发兵讨伐，王导却说："派得军队少了不足以平定叛乱，派得多了又造成了国家空虚。周续的同族弟弟周莚，不但忠诚信义，而且很有谋略，派他去就可以除掉周续了。"周莚被派去后，果然用计杀掉周续。叛乱被平定之后，朝廷任命周札为吴兴太守，周莚为太子右卫率，对周勰则因为周家的声望实在太大，也没敢深追究，还是像从前那

王导谢安纪念馆

样安抚他。这就是说，王导为了争取当时南北士族之间的平衡，基本上采取了忍让的态度，这种策略在一定程度上取得了成功，初步稳定了东晋的政权。

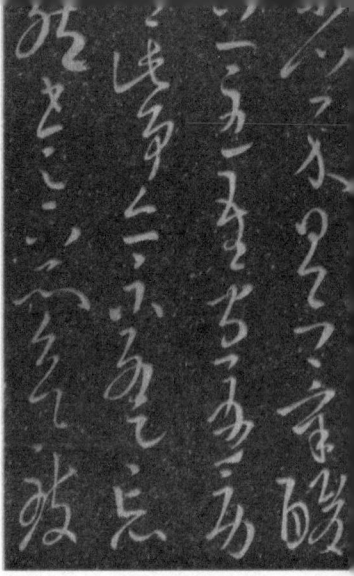

王导书法

但是随着王氏家族的人权势越来越大，特别是王敦拥兵自重，引起了晋元帝的担心和不满，于是司马睿就想削弱王家人的势力。他把刘隗、刁协当做自己的心腹，而且暗中开始做军事上的准备，把北方的流民组织起来，建立军队，任命南方士族戴渊为征西将军，掌管兖州、豫州等六州的军事，刘隗为镇北将军，掌管青州、徐州等四州的军事，各自带领一万多人，分驻守合肥、淮阴，名义上是要对付石勒，实际上是想对付王敦。王导也因为这件事被疏远了，但他仍然用平常心来对待。可是王敦本来就是是个野心家，这件事正好给他提供了借口，他趁机以反对刘隗、刁协，替王导诉冤为借口起兵，攻入建康，杀了戴渊等人，历史上称为"王敦之乱"。但是王敦在杀掉这些人后，还想进一步篡夺政权，王导便表示坚决反对，出面维护晋元帝。王敦无法实现他的野心，只好退回武昌。

公元 323 年，晋元帝病死，晋明帝司马绍继位，王导辅政，王敦认为有机可乘，又加紧了篡权的步伐，王导站在维护皇室的立场上坚决反击。这时，王敦得了重病，不能亲自率兵，就让他的哥哥王含为统帅，率领水陆两军五万多人驻扎在江宁的南岸。王导给王含写信说："你今天的举动就和王敦当年是一样的，但是情况却完全不同，当年是因为朝中有奸臣作乱，人心不安定，就是我自己也想要离开，但是今天，先帝虽然已经去世了，但是

历史的天空

中国历代名相

老百姓对他的爱戴之情还在，当今的皇上非常聪明，也没有什么有失道德的地方。如果你们敢心生邪念、反叛朝廷，作为臣子的，谁不感觉到气愤？"王导坚决表示宁可当忠臣战死沙场，也绝不为无赖苟且偷生。同时部署兵力坚决抵抗。

王导听说王敦的病已经很严重了，就带人前去吊丧，王导手下的将士听说王敦病重，一时之间士气大振。在一天夜里，王导命令将军段秀、中军司马曹浑率领一千多士兵渡江偷袭，王含毫无防备，结果被打得大败。王敦得知这个消息后，气的大骂："王导这个老东西，坏了我的大事！"不久就绝气身亡。王敦没有儿子，就以王含的儿子王应为继承人。后来王含再一次被打败，他们父子二人只得向西逃亡荆州，结果被王含的弟弟荆州刺史王舒扔到长江里淹死了。王敦虽然因为谋反而死，但是王导却因为保卫皇室有功，官升至太保。而王家仍然是当时最大的望族。

公元 339 年，王导去世，终年六十四岁，皇帝在朝廷上亲自为王导哀悼三天，派遣鸿胪寺专门负责王导的丧事。王导死后的衣着服饰、棺椁马车，一律按照汉朝博陆侯霍光和晋朝安平献王司马孚的丧葬规格，等到正式下葬的时候，皇帝又赐给游銮车京车、黄屋左纛。送葬的队伍中，吹奏乐器和拿着兵器进行护卫的多达一百多人，从东晋建立以来，还没有哪位大臣能够相比。朝廷在写给王导的悼词中说道："高官用来酬谢有高尚品德的人，厚禄用来报答有大功的人。至于盖棺定论，追述王导一生的经历，应当给予他应有的崇高地位，让他能够流芳百世。"这段话也算是对王导一生的最高褒扬吧。

美男宰相——谢安

　　谢安，字安石，东晋名士、宰相，著名的政治家、军事家。谢安是浙江绍兴人，祖籍陈郡阳夏（今河南太康），是大名士谢尚从弟。谢安出身于名门世家，从小受家庭的影响，在德行、学问、风度等方面都有良好的修养。谢安年少就以清谈被人所知，当时的宰相王导也很器重谢安，青少年时代的谢安就已在上层社会中享有较高的声誉。谢安初次做官仅月余便辞职，之后隐居在会稽郡山阴县东山的别墅里，其间常与王羲之、孙绰等游山玩水，并且承担着教育谢家子弟的重任。后来再次入朝为官，成功挫败桓温篡位。他初与权臣周旋时，从不卑躬屈膝，不违背自己的准则却能拒权臣而扶社稷；等他自己当政的时候，又处处以大局为重，不结党营私，对内调和了朝廷内部的矛盾，对外指挥淝水之战，取得决定性胜利，为东晋赢得几十年的安静和平，战后功名太盛被晋孝武帝猜忌，往广陵避祸。后病死，谥号"文靖"。因追赠太傅，故后世称其为谢太傅。

　　谢安从不重名利，不恋权位，多次拒绝朝廷的征召，曾经隐居到会稽的东山，与王羲之、许询、支道林等名士、名僧频繁交游，出则渔弋山水，入则吟咏属文，挟妓乐优游山林，就是不愿当官。因他多次拒绝朝廷的的征召，激起了很多大臣的不满，接连上疏指责谢安，朝廷因此作出了对谢安禁锢终身的决定，经皇帝下诏才赦免。然而谢安却不屑一顾，泰然处之。

谢安雕像

教导有方

谢安在东山时，兄弟的子女都归他教养。他善于教育子弟，往往以身作则，潜移默化。其中以谢玄、谢道韫兄妹最为出色，也最受谢安喜爱。谢安曾问子侄们分别喜欢《诗经》中的哪一句，谢玄说是："杨柳依依"，谢道韫说是"吉甫作诵，穆如清风"，谢安因此而称赞谢道韫有"雅人深致"。而谢安自己则最喜欢"訏谟定命，远猷辰告"，这一句也被后世史学家认为是他的政治思想的概括。

谢安很注重孩子们的自尊心。谢玄小时候好虚荣，佩戴了紫罗香囊，谢安没有直接指责，而是打赌赢了香囊以后当面烧毁，以此来教育谢玄不适宜佩戴这样浮华的东西。谢朗不知道"熏老鼠"的笑话是自己父亲谢据的，也跟着世人一起嘲笑，谢安知道以后，故意把自己也说成做这件傻事的人，启发谢朗去懂得不应该随意嘲笑别人。

谢安故里

谢安虽然屡屡不愿出山，但当时的士大夫却都对他寄予很大的期望，以至时常有人说："谢安不肯出，将如苍生何？"他的妻子刘氏是名士刘琰的妹妹，眼看谢氏家族中的谢尚、谢奕、谢万等人一个个都位高权重，只有谢安隐退不出，曾对谢安说："夫君难道不应当像他们一样吗？"谢安掩鼻答道："只怕难免吧。"

忠心辅政

宁康元年二月，桓温以进京祭奠简文帝为由，率军来到建康城外，准备杀谢安等人。他在新亭预先埋伏了兵士，下令召见谢安和王坦之。

当时，京城内人心惶惶，王坦之非常害怕，问谢安怎么办。谢安神情坦然地说："晋祚存亡，在此一行。"王坦之硬着头皮与谢安一起出城来到桓温营帐，紧张得汗流浃背，把衣衫都沾湿了，手中的朝板也拿颠倒了。谢安却从容不迫地就座，然后神色自若地对桓温说："我听说有道的诸侯设守在四邻，明公何必在幕后埋伏士卒呢？"桓温只得尴尬地下令撤除了埋伏。

由于谢安的机智和镇定，桓温始终没敢对二人下手，不久就退回了姑孰。迫在眉睫的危机，被谢安从容化解了。同年三月，桓温得了重病。在返回姑孰之后，病情日益加重，但他还在幻想着能得到加九锡的殊荣，不断派人催促。谢安故意拖延，对已经起草好的诏书一再修改，迟迟不予颁发。桓温终于没有如愿，抱憾而死。

桓温死后，谢安被任命为尚书仆射兼吏部尚书，与尚书令王彪之一起执掌朝政。数月后，中书令王坦之出任徐州刺史，谢安又总领中书事务，实际上总揽了东晋的朝政。为了缓和矛盾、稳定政局，谢安实行了着眼于长远，以和谐安定为重的执政方针。他没有趁桓温病死的机会剪除桓氏集团，仍然信任和重用桓温的弟弟桓冲，让他担任都督徐、豫、兖、青、扬五州诸军事和徐州刺史，负责镇守京口，后来又转为都督七州诸军事，兼任荆州刺史。桓冲也深明大义，认为自己的德望不及谢安，心甘情愿地以镇守四方为己任。将相关系的协调，促进了政局的稳定。当时人赞扬谢安，将他比作王导，并认为他的文雅更胜一筹。

肥水之战

谢安像

太元八年（公元383年），苻坚率领着号称百万的大军南下，志在吞灭东晋，统一天下。当时军情危急，建康一片震恐，可是谢安依旧镇定自若，以征讨大都督的身份份责军事，并派了谢石、谢玄、谢琰和桓伊等人率兵八万前去抵御。谢玄手下的北府兵虽然勇猛。但是前秦的兵力比东晋多十倍，谢玄心里到底有点紧张。出发之前，谢玄特地到谢安家去告别，并请示

一下这个仗要怎么打。哪儿知道谢安听了像没事一样，轻描淡写地回答说："我已经有安排了。"谢玄心里想，谢安也许还会嘱咐些什么话。等了老半天，谢安还是不开腔。谢玄回到家里，心里总不大踏实。隔了一天，又请他的朋友张玄去看谢安，托他向谢安探问一下。

谢安一见到张玄，也不跟他谈什么军事，马上邀请他到他山里一座别墅去。到了那里，还有许多名士先到了。张玄想要问，也没有机会。谢安请张玄陪他一起下围棋，还跟张玄开玩笑，说要拿这座别墅做赌注，比一个输赢。张玄是个好棋手，平常跟谢安下棋，他总是赢的。但是，这一天，张玄根本没心思下棋，勉强应付，当然输了。下完了棋，谢安又请大伙儿一起赏山景，整整游玩了一天，到天黑才回家。这天晚上，他把谢石、谢玄等将领，都召集到自己家里，把每个人的任务一件件、一桩桩交代得很清楚。大家看到谢安这样镇定自若，也增强了信心，高高兴兴地回到军营去了。那时候，桓冲在荆州听到形势危急，专门拨出三千名精兵到建康来保卫京城。谢安对派来的将士说："我这儿已经安排好了。你们还是回去加强西面的防守吧！"将士回到荆州告诉桓冲，桓冲很担心。他对将士说："谢公的气度确实叫人钦佩，但是不懂得打仗。眼看敌人就要到了，他还那样悠闲自在，兵力那么少，又派一些没经验的年轻人去指挥。我看我们准要遭难了。"

当晋军在淝水之战中大败前秦的捷报送到时，谢安高兴异常。淝水之战的胜利，使谢安的声望达到了顶点。

外戚勋臣——长孙无忌

　　长孙无忌，字辅机，河南省洛阳人。祖先是鲜卑族拓跋氏，乃是北魏皇族的支系，后改为长孙氏。长孙无忌出身于官宦世家，祖父长孙光，曾是周开府仪同三司，平原公。父亲长孙晟，隋右骁卫将军。长孙无忌从小"该博文史"、博学多才，而且很有谋略，少年时就与李世民交好。隋朝末年时，李渊在太原起兵，长孙无忌去拜见李渊，李渊见他才略非凡，任命他为渭北行军典签。后来长孙无忌又辅佐李世民，曾参与发动玄武门之变，帮助李世民夺取帝位，建立了唐朝政权，历任尚书仆射、司空，后改任司徒。长孙无忌是唐朝的开国功臣，以功第一，封齐国公，后徙赵国公。唐太宗曾经将对唐朝有特殊贡献的二十四个功臣的画像排在凌烟阁，长孙无忌居第一位。

　　长孙无忌对唐朝的稳定发展作出了巨大的贡献，尤其是在唐朝律令的改革制定方面贡献最大。他曾奉命与房玄龄等修《贞观律》，后来奉命与律学士对唐律逐条解释，撰成《律疏》（宋以后称《唐律疏议》）三十卷，系统疏证诠解《唐律》的各项条文。这部法典不但对完善唐朝法规起了重要作用，而且也是中国现存

玄武门

的一部最完整的古代法典。长孙无忌结局很悲惨，他因反对高宗立武则天为皇后，被许敬宗诬陷，削爵流放到黔州（今重庆市彭水县），最后自缢而死。

其实，长孙无忌在才能方面，与唐朝的其他谋臣猛将、良宰贤相相比绝对算不上突出，但他却是唐太宗的心腹，很受唐太宗的信赖。长孙无忌不仅在贞观朝发挥了特殊的作用，还受托辅佐高宗，成为唐初政治史上的特殊人物。

玄武门事变

长孙无忌在军事方面虽有一定谋略，但并不善于统兵打仗，唐太宗评价他"聪明鉴悟，雅有武略"，"总兵打仗，非其所长"。从李渊父子晋阳起兵叛隋，到建立唐朝，再到统一天下，长孙无忌一直追随李世民东征西讨，但却没有什么显赫之功。他在政治舞台上显露头角，是在玄武门事变中。

唐朝建立后，李渊集团发生分裂，最突出的矛盾是太子李建成和秦王李世民之间争夺皇位继承权。李世民的才能、威望和接踵而至的显赫军功，不仅使其本人产生了觊觎皇位的野心，也引起太子李建成的忌妒和不安。开始是李建成想对李世民下毒手，但没成功。李世民问秦王府的僚属们："阽危之兆，其迹已见，将若之何？"房玄龄对长孙无忌说："今嫌隙已成，一旦祸机窃发，岂惟府朝涂地，乃实社稷之忧；莫若劝王行周公之事以安国家。存亡之机，间不容发，正在今日。"长孙无忌说："吾怀此久已，不敢发口；今吾子所言，正合吾心，谨当白之。"于是，房玄龄、杜如晦、长孙无忌同劝李世民先发制人，认为只有如此才能转危为安。

此时太子李建成与齐王李元吉也在加紧活动，用重金收买李世民部将尉迟敬德，遭拒绝后，又对李世民行刺，仍未得逞。李建成对李元吉说："秦府智略之士，可惮者独房玄龄、杜如晦耳。"于是，向李渊谗毁二人，将之逐出秦王府。这样李世民最为心腹之人只有长孙无忌仍在府中。长孙无忌坚决支持房玄龄政变的动议，与舅父高士廉和秦王部将侯君集、尉迟敬德等人日夜劝李世民诛杀太子与齐王。李世民仍犹豫不决，与灵州都督李靖商议，征求行军总管李世勣的意见，二人都表示不愿意干。正在此时，突厥南下侵犯，按惯例应由李世民督军抵御，但此次在李建成的推荐下，由李元吉代李世民督军北征，并调秦王府将领尉迟敬德等同行。他们的目的很明显，想借机抽空秦王府的精兵猛将，并计划在为李元吉践行时杀掉李世民。李世民得知，立即与长孙无忌等商量，又派长孙无忌秘密召回房玄龄、杜如晦，共同谋划了玄武门兵变。公元 626 年，六月四日，李世民亲率长孙无忌等十人，在玄武门成功地伏杀了李建成、李元吉。在李世民夺取皇位继承权的兵变中，长孙无忌称得上是首功之

人。在酝酿政变时，他态度坚决，竭诚劝谏；在准备政变时，他日夜奔波，内外联络；在政变之时，他不惧危难，亲至玄武门内。所以唐太宗至死不忘长孙无忌的佐命之功，临死前仍对大臣们说："我有天下，多是此人之力。"

李世民登基后，长孙无忌升为左武侯大将军，后任吏部尚书，晋封齐国公。唐太宗几次要任命长孙无忌为宰相，但长孙皇后一再劝说唐太宗，让他吸取汉朝吕氏、窦氏等专权的教训，长孙无忌自己也要求逊职，但太宗不听，拜长孙无忌为宰相，任命他为尚书右仆射。但长孙无忌的才能确实担任不了宰相，而且他为人谨慎小心，注意避嫌，不像历史上许多外戚，依恃女儿或姐妹"椒房之宠"，肆无忌惮地攫取权力。他以盈满为戒，恳请太宗批准他辞去宰相要职，长孙皇后也为之请求，太宗不得已，让他辞去了尚书右仆射，而拜开府仪同三司。后来太宗执意要任命长孙无忌为司空，还特意写下《威凤赋》，赐给长孙无忌，追思创帝业之艰难和长孙无忌的佐命之功。

辅佐高宗，被诬致死

唐太宗对长孙无忌非常信赖，他在临死时托孤于长孙无忌，让他一定要辅佐唐高宗。高宗继位后，也重用了长孙无忌，拜他为太尉同中书门下三品，兼扬州都督，主持朝政。

永徽六年，唐高宗要废发妻王皇后而立武则天为皇后，这在朝中引起轩然大波。长孙无忌和褚遂良等元老重臣们极力反对，而许敬宗和李义府等臣僚则全力拥护。因长孙无忌是唐高宗的舅父，而且是太宗顾托掌权之臣，所以他的意见特别重要。武则天

便使尽手段拉拢长孙无忌，却被拒绝，为此武则天对长孙无忌恨之入骨。最终唐高宗不顾大臣们的冒死极谏，册立武则天为皇后。因谏净，褚遂良等人被远贬蛮荒。武则天最忌恨长孙无忌，但他不同于褚遂良等，不但是佐命元勋，更是高宗的舅舅，所以武则天便一直等待时机除去长孙无忌。

显庆四年，在武则天的授意下，许敬宗百般设计诬陷长孙无忌与一桩朋党案有关，然后许敬宗诬奏韦季方与长孙无忌构陷忠臣近戚，说长孙无忌要掌握大权伺机谋反。唐高宗先是吃惊不信，继而伤心怀疑，最后看着许敬宗编造的关于韦季方交待的与长孙无忌谋反的供词，哭泣道："舅若果尔，朕决不忍杀之；若果杀之，天下将谓朕何！后世将谓朕何！"许敬宗举汉文帝杀舅父薄昭，天下以为明主之例，宽慰高宗，又引"当断不断，反受其乱"的古训，催促其下决心。唐高宗竟然连长孙无忌的面都未见，就下诏削去了长孙无忌的太尉官职和封邑，流徙黔州，但准许按一品官供给饮食，算是对舅舅的照顾，长孙无忌的儿子及宗族全被株连，或流或杀。

长孙无忌

三个月后，高宗又令许敬宗等人复合此案，许敬宗派大理寺袁公瑜前往黔州，逼迫长孙无忌自杀。

长孙无忌一生都为了大唐王朝，可谓忠贞不渝。他是唐朝的开国元勋，却不居功、不自傲，尽力协助唐太宗、唐高宗治理朝政，为唐朝的稳定与发展立下了汗马功劳，不愧为一代忠臣。最终仍旧没有逃过"泰极否来"的规律，死于宫廷斗争之中。

长孙无忌墓

政治功绩

长孙无忌为大唐做出了很多功绩，主要体现在三方面。首先是立法方面，关于立法，长孙无忌认为："凡立法者，非以司民短而诛过误也，乃以防奸恶而救祸患、检淫邪而内正道。"由此可见长孙无忌将立法的基点放在教育上，这是不符合实际的。但这确实在一定程度上影响了唐朝法制建设，同时也掩盖了阶级压迫的残酷性。其次是理狱方面，长孙无忌在理狱方面，也有很多独到的见解。他认为，办案的官吏不分青红皂白，在没有审讯犯人之前，就做了主观臆断，进行所谓的"有罪推论"，把未经审判判决的被告叫作罪人，在审问时，实行逼、供、信，迫使被告人达到他的预断。这样的人不配称为"忠臣"。在这里，他揭露了封建官吏的主观主义审判态度和随意断狱的恶劣作风。最后是量刑方面，关于量刑问题，长孙无忌反对以君主个人的情趣来量刑定罪。这种定罪方式会使受罚者无所控告，当官者莫敢正言。在这里，有些官吏毫不隐晦地揭露了君主任情量刑的恶果，任情量刑与法无定科互为影响，任情量刑，必然造成法无定科，法无定科又使任情量刑滥不可止。

断案如神——狄仁杰

狄仁杰，字怀英，号德英，唐代并州晋阳（现在的山西省太原南郊区）人。狄仁杰是杰出的政治家，在唐武周时期任宰相，清正廉明、刚直不阿，以不畏权贵著称，尤为令人推崇的是他执法甚严，甚至以身护法。在他曾任大理寺丞的一年，处理大量积压的案件，平反冤狱，社会一片清明。

狄仁杰出身于官宦世家，祖父狄孝绪，任贞观朝尚书左丞，父亲狄知逊，任夔州长史。狄仁杰通过科考及第，出任汴州判佐。时工部尚书阎立本为河南道黜陟使，狄仁杰被吏诬告，阎立本受理讯问。阎立本不仅弄清了事情的真相，而且发现狄仁杰是一个德才兼备的难得人物，谓之"河曲之明珠，东南之遗宝"，推荐狄仁杰做了并州都督府法曹。狄仁杰为官，正如老子所言"圣人无常心，以百姓心为心"，就算在君主面前，也会直言进谏，拯救无辜，无论何种情况下，都不会牺牲无辜百姓，时刻与强权斗

狄仁杰雕塑

争，后人称狄仁杰是"唐室砥柱"。狄仁杰的一生处于上承贞观之治，下启开元盛世的武则天时期，从某种意义上来说，狄仁杰可谓撑起了整个唐武周时代。狄仁杰在宦海中几经浮沉，但他每任一职，都心系民生，政绩卓著。尤其是当了宰相后，举贤任能，培养了姚崇、张柬之等唐朝中兴之臣，是推动唐朝走向繁荣的重要功臣之一。狄仁杰病故后，朝廷内外一片哀声，武则天得知狄仁杰逝去，悲痛地说："朝堂空也！"他死后被埋葬在神都洛阳东郊的白马寺，立有一碑，上书"狄公仁杰之墓"。武则天赠文昌右相，谥曰"文惠"；唐中宗继位后，又追赠司空；唐睿宗即位后又封狄仁杰为梁国公。

犯颜直谏

在狄仁杰任大理寺丞时，左威卫大将军权善才、右监门中部

狄仁杰画像

将范怀义误砍了唐太宗李世民昭陵上的柏树，按当时的法律两人将被免官，但唐高宗却要处死他们。朝臣无人敢反对，只有狄仁杰据理力争，认为从唐朝法律制度来说，权善才、范怀义并没有犯死罪。唐高宗听了狄仁杰的直谏勃然大怒，对狄仁杰说："他们两人砍昭陵上的柏树，是使朕不孝，必须杀了他们！"朝臣见高宗生

气都暗示狄仁杰别再冲撞高宗，狄仁杰却仍然坚持自己的立场，坦然向高宗分析道："皇上，大家都说，自古以来顶撞君主的人都没有好下场，但臣并不这样想。在夏桀商纣时代这样的事情会发生，但在尧舜时期就不会。臣庆幸自己是在尧舜一样的时代，不怕皇上听不进我的劝谏。汉朝时期，有盗贼偷了高祖庙堂前的玉环，文帝大怒，让廷尉张释之审理盗贼。张释之按照律例将盗贼处死，当他向文帝禀报时。文帝非常生气，斥责张释之对盗贼的惩罚太轻，应该将盗贼灭族，而张释之的处置违背了文帝尊崇宗庙的原意。张释之却解释说：'依照法令就应该这样判处。现在用偷宗庙器的罪名判处盗贼灭族，如果有无知的愚民挖取长陵上的一锹土，皇上是否将按照上面律例来处置呢？'文帝听了，明白张释之的处置才是对的。现在按照大唐法律，权善才、范怀义犯下的也不是死罪，陛下却要将处死他们，如果这样不按照法令行事，以后如何以法治理国家呢？陛下如果因为昭陵上的一棵柏树就处死大臣，后人会怎样评价陛下呢？"

高宗听了狄仁杰的话豁然开朗，便按照律令处罚了权善才、范怀义两位大臣。这件事过去不久，高宗就任命狄仁杰为侍御史，举劾非法，督察郡县。

不仅唐高宗在狄仁杰面前时常妥协，就是手段果决的武则天也总是会在狄仁杰面前退让。狄仁杰每次面引廷争，武则天"每屈意从之"。而且当狄仁杰年老后每次上书辞官，武则天都不批准，而且还告诫大臣不是军国大事不许打扰狄仁杰，可见武则天对狄仁杰的看重。据说武则天的侄子武承嗣、武三思总是派人劝说武则天，让她立他们为太子。武则天对于立谁为太子也很犹豫。狄仁杰从政治家深谋远虑的角度，劝说武则天要顺应民心，立庐

陵王李显。而李昭德等大臣也力劝武则天立李显为太子，但武则天一直都不同意。狄仁杰对武则天非常了解，他用母子亲情打动武则天："立子，则千秋万岁后，配食太庙，承继无穷；立侄，则未闻侄为天子而 祔姑于庙者也。"武则天却说："这是朕的家事，你就不要过问了。"狄仁杰凝重而严肃地说："王者以四海为家，四海之内，孰非臣妾，何者不为陛下家事！君为元首，臣为股肱，义同一体，况臣位备宰相，岂得不预知乎！"武则天听了狄仁杰的一番话，也醒悟了事情的重要性，便采纳了狄仁杰的意见，立庐陵王李显为太子，李氏才能继续统治大唐。狄仁杰也因此被历代政治家、史学家称为有再造唐室之功的忠臣义士。

举贤任能

狄仁杰在任宰相时期，一心为国为民，明白人才对国家的重要性，因此总是毫不避讳地向朝廷举荐有识之士，而狄仁杰也很

狄仁杰墓

狄仁杰墓

有知人之明，也常以举贤为意。有一次，武则天让他举荐一名将相之才，狄仁杰向她推举了荆州长史张柬之。武则天将张柬之提升为洛州司马。过了几天，又让狄仁杰举荐将相之才，狄仁杰说："之前推荐的张柬之，您还没有重用。"武则天回答已经重用了。狄仁杰说："臣所举荐的人是能做宰相的，而不是担任司马的职务。"在狄仁杰的大力举荐下，张柬之被武则天任命为秋官侍郎，后来果然任命为宰相。当狄仁杰死后，张柬之在武则天病重时，拥戴唐中宗复位，为匡复唐室作出了巨大的贡献。

除了张柬之，狄仁杰还先后举荐了桓彦范、敬晖、窦怀贞、姚崇等数十位忠贞廉洁、精明干练的官员，他们担任要职后，朝堂政风大变，朝中出现了刚正之气。这些人后来都成了唐代中兴名臣。

狄仁杰在任用人才上，并不以出身和民族为限，他对于有能力的少数民族将领也一样举荐重用。契丹猛将李楷固曾经屡次率兵打败武周军队，后战败投降大唐。有大臣主张杀死李楷固，狄仁杰却认为李楷固骁勇善战，如果饶恕他，他一定会因感恩而报答朝廷。于是他上书请求重用李楷固，武则天接受了他的建议。果然，李楷固等率军讨伐契丹余众，取得了重大胜利，武则天设宴庆功，举杯对狄仁杰说"公之功也"。狄仁杰知人善任，朝中很多人都是狄仁杰提携的，因此有人曾对狄仁杰说："天下桃李，悉在公门矣。"狄仁杰却说："荐贤为国，非为私也。"狄仁杰从不会以权谋私，所行所言都是为了国家和百姓。

救时宰相——姚崇

　　唐朝初期由于统治者吸取了隋朝灭亡的经验教训，励精图治、轻徭薄赋，所以国家先后出现了几个盛世局面，例如贞观之治、开元盛世等。可是在盛世的外表之下，隐藏的却是残酷的权力斗争。先是唐中宗李显被废，他的母亲武则天当上了女皇帝。武则天死后，又出现了武三思乱政和太平公主图谋篡权等一系列的宫廷斗争。在这个过程中，有一个人先后担任过三朝宰相，最后帮

姚崇塑像

助唐玄宗开创了开元盛世的局面，这个人就是姚崇。

弃武从文

姚崇出身于一个武将家庭，祖籍吴兴，他的高祖姚宣业曾经是南朝梁陈征东大将军，屡建奇功，是梁武帝最倚重的人。曾祖姚安仁曾经担任隋朝青州和汾州两州的刺史。祖父姚祥人怀州长史，检校函谷关都尉。父亲姚懿担任唐朝幽州都督和吏部尚书。因此，姚崇受到家庭的影响很深。在他12岁的时候，姚崇的父亲病故了，他就跟随母亲回到了汝州梁县广成的外婆家里。

广成县在汝州西面30千米的地方，是东都洛阳外围的一处名胜。东汉朝廷曾经在这里建造宫殿，以供皇帝打猎娱乐。姚崇继承了家族尚武的传统，每日都把练习武功作为自己的必修课，还经常和乡里的少年一起到山林里打猎和比武。经过十多年坚持不懈的锻炼，姚崇练就了强健的体魄和勇猛无畏的精神。

有一次，当时很有学问的名士张憬藏在游学时路过广成县，就借住在姚崇家里。他见到姚崇后十分吃惊，只见这个年轻人器宇轩昂，眼神里流露出一股灵气，绝对不是那些山野村夫可以相比的，就认定这个年轻人一定不是普通人。但和姚崇交谈起来却感觉到他知识贫乏，说话也没有什么条理，于是就劝说姚崇要好好读书，增长见识，并鼓励他说："广成是上古贤人广成子住的地方，连黄帝都曾经向广成子请教学问。你将来应该以文才来获得声誉，很有可能做到宰相一级的大官，不要自暴自弃，要好自为之。"

从此，姚崇静下心来学习，刻苦读书，学业有了很大的进步，后来通过考试，被任命为濮州司仓，开始走上仕途之路。

平反冤狱

　　姚崇入朝做官，曾一度专门负责审理案件和掌管刑狱。当时正赶上武则天实行严厉的法律、大兴牢狱的时期，有很多人被冤枉而遭受牢狱之灾。而姚崇执法公正，把许多人从冤狱中解救出来，引起了朝野的瞩目，官职连续晋升。

　　有一次，武则天对满朝文武说："前些时候，周兴、来俊臣审理案件，牵扯到了很多朝廷大臣，说他们是反派，国家的法律就摆在这里，我又怎么能够违反呢？其中有人我也怀疑是不是被冤枉，是因为滥用刑法造成的冤狱，所以就派亲近的大臣到监狱中去审问，得到了这些人的供状，都是承认自己有罪的，我也就不怀疑了。但是自从周兴、来俊臣死后，就再也听不到谋反的事了，然而在以前被杀的人中，是不是有人真的被冤枉了呢？"姚崇曾经在刑部工作，办理案件十分公正，保护过不少人，所以对这方面的情况比较熟悉；而且他对武则天也比较了解，知道虽然皇帝重用过一些坏人，滥杀无辜，但是还没有被坏人完全控制，也任用了一些正直的人来主管刑法，而且在这个问题上也能够听进别人的不同意见。所以，姚崇针对武则天提出的问题，直率又诚恳地陈述了自己的看法，他说："自从垂拱年间以来，被告的家破人亡的，都是冤枉的，告密的人因为诬告他人而立功，所以全天下都在编织各种各样的罪名，情况比汉朝的党锢之祸还要严重。陛下您派人去监狱中查问，被派去的人连自己的安全都无法保证，又怎么敢去翻案呢？而被问的人想要翻案，又怕遭到那些人的毒手。所以不敢说出实话。全靠老天保佑啊，皇帝你醒悟了过来，杀掉了坏人，朝廷才安定下来。我用自己和全家一百多口人的性命担保，现在朝中的官员再也没有谋反的人，恳求陛下，如果以后要是收到有人告状，先把它收起来，不要去追究，如果以后发现证据，真的有人谋反，我宁愿承受罪责。"对于这一尖锐的批评和意见，武则天不仅没有发

姚崇墓

怒，反而表现得非常高兴。她说："以前的宰相都顺着我说话，害得我成了个滥用刑法的君主。听了你所说的，很符合我的心意。"并赐给姚崇白银千两。从此，姚崇和武则天的关系又近了一步。一年之后，姚崇就被任命为宰相。

卷入纷争

唐朝佛教盛行，除此之外还有道教和其他的宗教。上至皇帝、皇后、达官贵人，下至地主富户，都利用宗教的名义捞取好处。因此，在宗教的外衣下，不可避免地产生了很多社会问题。对此，姚崇深感不满。

在武则天执政时期，张易之想要将京城有名望的佛教高僧

10 人，都调到定州去私自建立新的寺庙。高僧们都不愿意去，向朝廷苦苦哀求。姚崇就接受了他们的请求，同意他们不去定州，而张易之一再坚持要调他们走，姚崇始终不改变主意，结果得罪了张易之。因为张易之正是武则天最宠信的人，于是他就向武则天说姚崇的坏话。

当时正赶上突厥大军压境，武则天就利用这个机会任命姚崇为灵武道行军大总管，名义上还保持着宰相的头衔，实际上已经没有任何实权了。在临走的时候，他向武则天推荐张柬之接替自己担任宰相。

公元 705 年，武则天病重，姚崇从边关回到京城，正赶上张柬之等人密谋诛杀武则天的宠臣张氏兄弟，逼迫武则天让位给太子李显，而姚崇当时又挂着宰相的头衔，所以他也参与其中，最后迫使武则天下诏退位。由于姚崇有功，中宗李显即位后，加封姚崇为梁县侯。武则天退位后，被迁移到上阳宫居住，中宗率领文武百官前去问安，大家都兴高采烈，相互庆祝，姚崇却哭了起来。张柬之等人感觉很奇怪，对姚崇说："今天难道是哭的时候吗？你恐怕要因此招来祸端了。"姚崇很是坦然，他说道："我侍奉武皇已经很长时间了，突然离开她，发自内心的感情，实在控制不住啊！昨天参与你们组织的诛杀奸臣的行动，是做臣子应该做的，不敢说有什么功劳；今天与旧主人告别而感到悲伤，也是做臣子应有的节操，如果

姚崇墓石碑

因此犯罪，我也心甘情愿。"其实经过多年的政治斗争，姚崇敏锐地观察到武家的势力仍然十分强大，不愿意卷入更深的漩涡，所以他没有接受宰相的官位，而是利用这件事找个借口脱身罢了。果然当天他就被调离京城，做了亳州刺史。

事实证明姚崇果然是对的，中宗继位后，武三思和韦皇后又将中宗毒死，把持朝政。后来睿宗和他的儿子李隆基率军平叛，杀了武三思和韦皇后。睿宗继位后，姚崇重新被任命为宰相。但是朝中还有一个巨大的隐患没有解除，那就是太平公主。太平公主是睿宗的妹妹，野心很大，也想像武则天一样做个女皇帝。为了防患于未然，姚崇等人给睿宗上了份奏章，要求皇帝让太平公主搬到洛阳去住，同时让几个手握兵权的王爷到地方上去当刺史，以备不测。没想到昏庸的睿宗竟然将这件事告诉了太平公主。太平公主大怒，太子李隆基慌了手脚，在这种情况下，为了争取主动，李隆基就指控姚崇挑拨皇上与公主的兄妹关系。结果，姚崇又被贬官，那距他第二次当上宰相还不到一年的时间。

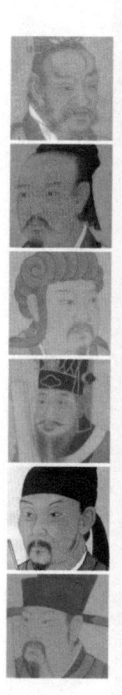

辅佐玄宗

太平公主的势力越来越大，活动也越来越肆无忌惮，太子李隆基再也按捺不住了，就瞒着睿宗一举将太平公主和她的党羽全部铲除。公元712年，睿宗让位给太子李隆基，李隆基就是后来鼎鼎大名的唐玄宗。

公元713年，玄宗到新丰这个地方阅兵，按照传统，皇帝出行，方圆三百里内的州郡长官都要去皇帝行营朝见。当时姚崇任

姚崇塑像

同州刺史，得到了皇帝的秘密召唤，是非去不可的。姚崇到的时候，赶上玄宗正在打猎，于是玄宗就问姚崇会不会打猎。姚崇说他从小就会，20岁的时候常常以打猎作为娱乐，现在虽然人老了但是还能行。于是，姚崇就参加了玄宗打猎的队伍。姚崇在猎场上策马奔跑，要快就快，要慢就慢，处处都让玄宗感到很满意。等到打猎结束，玄宗就征求他对国家大事的意见，姚崇侃侃而谈。玄宗听了很高兴，就对姚崇说："你应该做我的宰相。"但出乎意料的是，姚崇并没有行礼谢恩。玄宗很奇怪。姚崇说："我有十点建议要说，请陛下考虑，如果做不到，那这个宰相我就不能做。"玄宗要他说来看听听。

姚崇就列出了包括废除严刑峻法、十年内不得对外发动战争、依法办事、禁止宦官和外戚干涉朝政等十条建议。玄宗听了，心里久久不能平静，他对姚崇说："你说的这些都是惊天动地的大事啊！"最后玄宗答应了姚崇的全部请求，并于第二天正式任命姚崇为宰相。

姚崇辅佐玄宗也是尽心尽力，在一些大事上很有决断，比如玄宗执政时期，在全国范围内多次发生蝗灾，粮食几乎绝产。但是受到封建迷信的束缚，百姓不敢捕杀，并且绝大多数大臣都反对捕杀蝗虫，认为闹蝗灾是上天给的警告，只要虔诚祷告就能消除。姚崇力排众议，坚持要唐玄宗亲自灭蝗，最后玄宗按照姚崇的要求去做，果然收到了很好的效果，当年农作物获得了较好的收成。

姚崇身为宰相，带头裁减朝中多余的人员，整顿制度，任用有才能的官吏，使国家面貌焕然一新。

那一时期，与姚崇同朝的还有一位宰相，名为卢怀慎。有一次，姚崇因为失去了儿子，请假十多天，朝廷的政事就积压了很多，卢怀慎根本处理不了，感到很恐慌，就到玄宗那里做检讨。玄宗却说："你不必担心，我把这些事都托付给姚崇了，你坐镇就可以了。"姚崇假满上班，很快就解决了积压下来的政事。由此可见姚崇的能力非同一般。

但是树大招风，姚崇也因为灭蝗等一系列事情得罪了许多人，只要他有一点过错，就会有人在玄宗面前挑拨事端。当时，姚崇的一个属下犯了法，姚崇想保护他，恰好遇到皇帝大赦天下，可玄宗却把这个人排除在赦免的名单之外，姚崇发现玄宗这么做已经不单单是针对罪犯，而是开始针对他自己了。于是他请求辞掉了宰相的职务，并推荐宋璟来代替自己。

公元 721 年，72 岁高龄的姚崇因病去世。当时国家经济比较好，社会上特别是官吏中厚葬成风。姚崇生前对这一风气极为反感，曾留下遗嘱：不准崇佛敬道，不准厚葬，只给他穿平常的衣服，不要抄经画像。告诫子孙去世后也要照他的嘱咐去做，并将其列为家法。姚崇的后事确实按他的遗嘱办理，而此事也被后人传为佳话。

清峻宰相——张九龄

张九龄，字子寿，一名博物，韶州曲江（今广东韶关市）人，是一位有胆识和远见的著名政治家、文学家、诗人，也是一代名相。张九龄是长安年间进士，后来官至宰相。他在文学上造诣很高，诗风清淡，他的五言古诗，以素练质朴的语言，寄托深远的人生慨望，对扫除唐初所沿习的六朝绮靡诗风，贡献尤大。誉为"岭南第一人"，著作有《曲江集》。其中，《感遇》《望月怀远》等更为千古传颂之诗。

张九龄一生忠耿尽职、秉公守则、直言敢谏、选贤任能，不徇私枉法，不趋炎附势，敢与恶势力做斗争，为"开元之治"作出了积极贡献。作为开元盛世的最后一位名相，他深为时人所敬仰，王维、杜甫都作有颂扬他的诗篇。他曾辟孟浩然为荆州府幕僚，

张九龄雕塑

提拔王维为右拾遗。杜甫早年也曾想把作品呈献给他，未能如愿，晚年追忆，犹觉得可惜。

张九龄出生于官宦世家，是西汉留侯张良的后代，西晋开国功勋壮武郡公张华十四世孙。7岁时就聪慧能文，唐中宗时中进士，为秘书省校书郎。唐玄宗时期拜同平章事，成为唐代有名的贤相。据说张九龄风度翩翩，温文尔雅，以致唐玄宗在张九龄去世后对宰相的考察常常是"风度得如九龄否"。张九龄也因此被世人崇敬、仰慕。

高瞻远瞩

张九龄是一个很有远见的政治家，在唐朝还处在全盛时期时，他就看到了隐伏的种种社会危机。他针对社会弊端，提出以"王道"替代"霸道"的从政之道，强调保民育人，反对穷兵黩武；主张省刑罚、薄征徭、扶持农桑；坚持革新吏治，选取德才兼备的贤能之士来担任地方官吏。他的这些改革措施，缓解了社会矛盾、巩固了中央集权、延续了"开元盛世"，因此他被后世誉为"开元之世清贞任宰相"的三杰之一。

张九龄在主持朝政时直言敢谏，常常劝谏唐玄宗要居安思危、励精图治。张九龄对安禄山、李林甫等奸佞之臣，竭力破除他们的阴谋，斥责他们的逆行。

安禄山在入京朝见时，曾去拜见时任宰相的张九龄。张九龄察觉安禄山是奸猾小人，认定他以后会犯上作乱，因此在安禄山触犯军法被押送京城时，力主将其斩首。但唐玄宗却没有听取他的意见，最终将安禄山释放。而在张九龄死后，安禄山果然反叛，

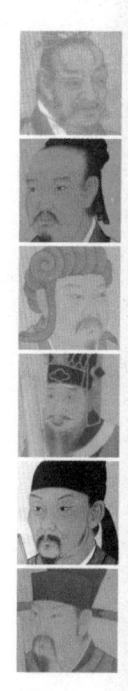

张九龄墓

掀起了"安史之乱"的序幕，使唐朝迅速从盛世走向没落。后来，唐玄宗想起张九龄的劝谏非常痛悔，派人到曲江祭拜张九龄。

惊才绝艳

张九龄自幼聪慧异常、才智过人，五六岁就会吟诗作对，大家都称他为神童。七岁时，他随家人到宝林寺游玩，一时迷醉于寺中秀丽的风景，顺手将一枝桃花折下来，放在袖子里。这时候韶州府太守忽到寺里进香，香客都赶忙回避，只有张九龄神色自若地看着太守随从摆弄供品，太守见他胆识过人，很是伶俐，就想考考他。于是太守就对张九龄说："我出个对联，看看你能不能对上，怎么样？"张九龄答道："好。"太守看着张九龄藏在袖子里的桃花说："白面书生袖里暗藏春色。"张九龄立刻答道："黄堂太守胸中明察秋毫。"太守听了很高兴，又说道："一位童子，攀龙攀凤攀丹桂。"张九龄抬头看向寺中，正好对面有三尊大佛像，于是立刻接道："三尊大佛，坐狮坐象坐莲花。"太守与周围的人都对张九龄赞叹不已，断言他以后必定不凡。

108

太守对张九龄夸赞一番，还给了他几个供果吃，张九龄高兴地拿着太守赏的供果去后面玩。恰巧遇到一个和尚，以为张九龄偷吃供果。张九龄就说是太守赏的。和尚不相信，张九龄说了对对联的事。在说最后一联时，张九龄看着和尚忽然灵机一动，调皮地将自己的下联改成："满寺和尚，偷猪偷狗偷青菜。"和尚听了下联，大惊失色，赶紧去向太守解释。

巧谏玄宗

因张九龄擅长下棋，唐玄宗常找张九龄下棋，但他总是输给张九龄，即使这样他仍然天天与张九龄对弈，非要胜过张九龄不可。张九龄见唐玄宗总是这样迷恋下棋，甚至荒废国事，心里很着急。

有一日，唐玄宗又找张九龄下棋，厮杀正酣时，张九龄就劝说唐玄宗不能将所有的精力都用来下棋，这会耽误国事，唐玄宗仍然是敷衍，张九龄又尽量委婉地劝谏，提出许多时弊，像"内则官吏贪污腐化，外则异族侵境，

张九龄

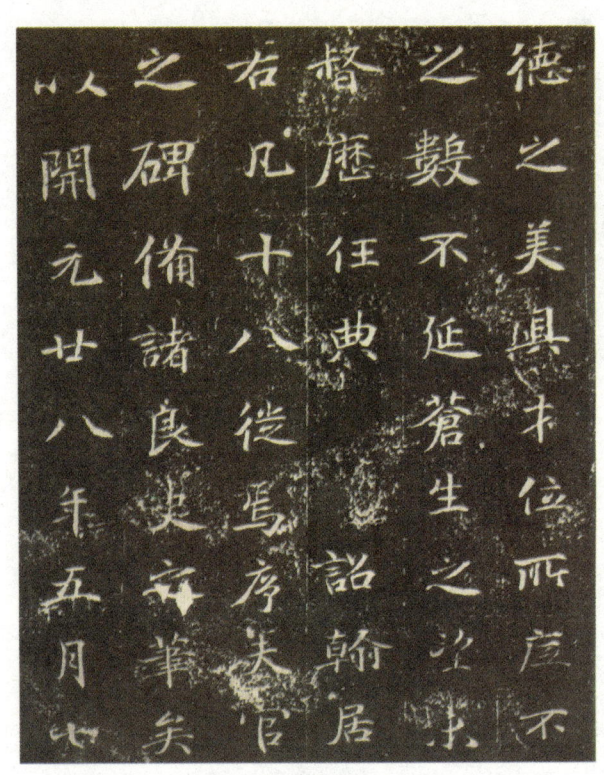

张九龄墓志铭

如不富国强兵，国有难，百姓就难安居"等。唐玄宗还是不以为然地说："不要紧，朝廷有文武百官料理，你快下棋吧。"张九龄见此，知道唐玄宗是听不进去了，也就不再说话，他看着棋盘，突然灵机一动，然后慢慢用计让唐玄宗将"车"腾了出来。唐玄宗见了大喜，觉得机会来了，就拿起"车"横冲直撞，连吃了张九龄几子后，又在中宫线上"将军"。张九龄便漫不经心地上一步卒，唐玄宗见了就提醒张九龄要起"仕"保"帅"。而张九龄却若无其事地说："不要紧。"唐玄宗奇怪地问："你不顾将军，吃帅你就输了，居然还说不要紧。"张九龄此时却笑起来，对唐玄宗说："陛下，管理国家大事和下棋一样，若是帅总是不动，和其他各子不齐心，各子也不保护他，这局棋一定不会赢了。但下棋只是游戏，但国事却是现实存在的。"唐玄宗听了一时羞愧不已。

名震四夷——裴度

唐朝是我国历史上一段非常辉煌的时期，而且在世界上同样具有巨大的影响力，至今在很多国家仍然把中国人叫作"唐人"。在唐玄宗李隆基将大唐帝国带入全盛后，他开始宠幸杨玉环，任用杨国忠等奸臣，亲手将大唐盛世断送，导致宦官把持朝政，使朝政日益腐败黑暗。在这个时期，敢于站出来挑战宦官集团的大臣少之又少，但裴度是个例外。裴度是唐朝中期最著名的宰相之一，杰出的政治家。在他辅政期间，唐朝甚至一度出现了复兴的局面。

平定淮西

据说裴度年少的时候，家里非常贫穷。有一天，他在路上巧遇了一行禅师。大师看了看裴度的脸庞，发现裴度的嘴角纹理一直延伸到嘴里，恐怕有饿死的横祸，就劝勉裴度努力修善。裴度按照大师的话去做，不久之后，又遇到了一行禅师，大师看到几天没见的裴度目光清澈，脸相完全改变，就告诉他以后一定可以

裴度画像

成为宰相。日后果然大师的话得到印证。公元789年，裴度考中进士，被授予河阴县的县尉。因为政绩突出，不断得到提拔。唐宪宗元和九年，又升迁至御史中丞。

自从"安史之乱"结束后，唐朝就形成藩镇割据的局面。宪宗即位后，先后派兵平定了成都刘辟和镇江李琦的叛乱，并且直接派出了节度使，想要改变由地方上拥立主帅的惯例。宪宗立志要削除藩镇，平定淮西彰义节度使吴元济成为关系到削藩成败的关键之战。但是因为统帅不得力，这一仗打得很不顺利。

裴度是朝廷中力主削藩、主张平定割据势力的代表人物。唐朝元和七年他就曾以知制诰的身份，成功安抚了河北魏博镇田兴势力，使之归顺朝廷，因而得到了宪宗的嘉奖。元和十年五月，因为讨伐吴元济很久都没有成功，宪宗便派裴度以御史中丞的身份到军营中去慰问将士，顺便了解一下军情。裴度回来后，就向宪宗详细述说了淮西现在的情况，并推荐忠武节度使李光颜做新的主帅去统领军队，说他勇敢而且信义，一定能够成功打败吴元济。宪宗听后非常高兴。结果，李光颜统兵不久，就在陈州大败吴元济，消息传来，宪宗更是赞叹裴度知人善任。

其实，在平定淮西的问题上，裴度面临着极大的苦难。朝廷中要求撤兵，阻挠用兵的势力很强大，而且，其他藩镇的势力，也千方百计进行抗拒。元和十年三月，吴元济因为接连打了败仗，就派人到于恒、王承宗、李师道那里求救。王承宗和李师道虽然表面上支持宪宗进攻淮西，但暗地里却支持吴元济，派人一把火烧了军粮，想要阻挠大军前进的步伐。这年的五月，他们又派人刺杀坚决主张讨伐吴元济的宰相武元衡和熟悉淮西战况的裴度。武元衡被杀，裴度头部受伤，掉进了沟中才幸免于难。事情发生之后，朝廷中就有人向宪宗建议罢去裴度的官职，来安抚王承宗、李师道。宪宗一听大怒，说道："如果罢免裴度的官职，使他们的奸计得逞，那么又如何振兴朝纲？我用裴度一个人，就足够打败这两个乱臣贼子。"从此以后，宪宗更加倚重裴度，并任命他为门下侍郎，同中书门下平章事（也就是宰相）。裴度也把剿灭吴元济作为自己的重要任务。等伤好之后，他就与宪宗商量。裴度说："淮西是心腹大患，不能不铲除。而且朝廷已经派兵讨伐了，其他的藩镇都在观望，所以这件事不能停下来。"宪宗听后表示赞同。裴度又向宪宗请求，为了能剿灭吴元济，请允许他在家中招揽天下的人才，集思广益。宪宗也答应了，而在此之前，宰相是不敢在家中召见宾客的。

淮西风光

元和十一年六月，蔡州节度使高霞寓遭遇埋伏，结果除了他自己，全军覆没。这次败仗，给朝廷的震动是很大的。于是朝中很多大臣都认为撤兵和赦免吴元济的罪过才是上策，翰林学士钱徽、萧俛纷纷上书朝廷，想劝说宪宗撤兵。但宪宗坚决要削藩，他说："胜败是打仗经常有的事情。如果是领军将领的过错，那就换人，如果是因为兵力不足，那就快去接应，怎么能因为一场失败就把你们沮丧成了这样？"于是，满朝文武再也没人敢说撤兵的事了。这样，裴度平定淮西的策略才得以推行。

从元和九年到元和十二年，朝廷已经对淮西用兵四年了，不但军饷耗费巨大，而且同吴元济也相持不下。宪宗任命严绶为督军，严绶到达军中之后，将几年累计下来的物资一次都用光了，他又收买宦官来声援自己，拥兵自重却又没有什么功劳。而且严绶想借着吴元济的力量达到自己不可告人的目的，所以不愿意淮西被平定，所以仗打了四年仍然没有胜利。宰相李逢吉又劝说宪宗撤兵。只有裴度一句话也不说，宪宗征求他的意见，他表示："我愿意亲自前去督战。"第二天早朝后，宪宗又悄悄将裴度留了下来，裴度分析了淮西的形势，他说："吴元济的情况早就十分窘迫了，只不过是因为我们手下的将领没有齐心协力，又没有统一的指挥，所以才没有成功。如果派我去军中，那么将领们都会想立功来赢得皇上的恩宠，吴元济一定会被打败。"在这关键的时刻，宪宗再一次对裴度委以重任，并且对裴度言听计从，毫不怀疑，这对征讨淮西最后的胜利起到了非常重要的作用。

裴度到达军中后，宣读圣旨，一时之间士气大振。裴度又罢免了中使监军，将兵权收到主帅手中，这种举动很得人心。由于裴度军法严格、统一指挥，接连打了很多胜仗。裴度派使者进入蔡州劝说吴元济投降，被吴元济拒绝了。十月，在裴度的指挥下，唐邓节度使李愬雪趁着晚上偷袭蔡州，将吴元济抓

历史的天空

中国历代名相

114

住了。裴度入城之后，安抚百姓，百姓都感到十分高兴。这样，淮西终于被平定了。淮西的平定，极大地震慑了其他心怀不轨的藩镇。

打击宦官

宦官把持朝政，是造成唐朝后来政治腐败的重要原因。由于宦官权势很大，皇帝和大臣们都想铲除这一毒瘤。裴度没有组织任何势力，也没有采取过任何打击宦官的措施，但是他秉公执法、不惧权贵，所以在一些具体问题上，打击了宦官势力。例如元和九年十月，一个宦官来到下圭县，县令裴寰厌恶他凶恶残暴，所以没有主动奉承他。这个宦官一怒之下，就向宪宗诬告裴寰。而宪宗偏袒宦官，想要以大不敬的罪名从重处罚裴寰。宰相武

蔡州风情

山东风光

元衡劝说宪宗，但是宪宗不听，在裴度的坚持下，最后裴寰才得以无罪释放。元和十三年九月，宦官杨朝汶又胡乱抓人，严刑逼供、索要钱财，被冤枉的人为了脱罪又诬告别人，最后牵连近千人。裴度追查此事。当时朝廷正在山东讨伐李师道。宪宗想袒护杨朝汶，竟然对裴度说："我与你讨论的是用兵的事，这些小事我自会处理。"裴度说："用兵的事不去理会，只乱一个山东，如果宦官的事不去理会，那就将乱了天下。"在裴度的坚持下，宪宗不得不将杨朝汶处死，并释放了所有被抓的人。正是因为裴度敢于打击骄横的宦官，所以常遭到宦官的排挤、打击。

　　裴度坚持治理国家要任用有才能的人。宪宗元和十三年，他极力反对任用欺上瞒下的皇甫镈为宰相。穆宗长庆年初，他

历史的天空

中国历代名相

又揭露了翰林学士稹镇与宦官勾结的罪行。裴度担任宰相，推荐过李德裕、李宗闵、韩愈等名士，重用过李光颜、李愬等名将，还保护过刘禹锡等人，但从来没有推荐无才能的亲友做官。后来，大臣之间结党营私、官官相护，他不为所动，一如既往地任用贤能之人，打击奸臣，这正是他的正直之处。

避祸东都

宪宗死后，裴度又在穆宗、敬宗、文宗三朝做官，在当时有威震四夷的威望和地位。由于宦官当道，裴度虽然是将相全才，却得不到皇帝的重用，所以并没有什么太大的作为。由于得罪了宦官，为了躲避他们的迫害，他辞官回家，在东都洛阳隐居，与诗人白居易、刘禹锡整天喝酒吟诗，不问政事。开成三年的冬天，裴度生了一场大病，第二年就去世了。

纵观裴度的一生，他为了维护和巩固李唐的封建统治，坚持与权奸、宦官、割据势力进行斗争，这种斗争精神是可贵的。尤其是从他反对藩镇割据势力所取得的巨大功绩来看，他不愧为唐朝一位杰出的政治家。

再造大唐——李泌

李泌，字长源，京兆（现在西安）人，唐代中期著名的谋略家。李泌出身于官宦世家，自由聪敏好学，7岁能文，被称为神童。天宝年间，李泌在嵩山上书论施政方略，深得玄宗赏识，令其待诏翰林，为东宫属言，从此历仕玄宗、肃宗、代宗、德宗四朝。玄宗时为杨国忠所忌，归隐名山。安禄山叛乱时期，肃宗即位灵武，召他参谋军事，又被幸臣李辅国等诬陷，复隐衡岳。代宗即位，召其为翰林学士，又屡为权相元载、常衮排斥，出为外官。

17岁时，李泌写下脍炙人口的《长歌行》："天覆吾，地载吾，天地生吾有意无。不然绝粒升天衢，不然鸣珂游帝都。焉能不贵复不去，空作昂藏一丈夫。一丈夫兮一丈夫，千生气志是良图。请君看取百年事，业就扁舟泛五湖。"

除文学创作外，李泌在学术上也很有造诣。他对《周易》《老子》颇有研究，晚年又参与修国史。李泌一生，虽几经宦海浮沉，但仍可称得上是成功的一生。

李泌还是著名的藏书家，他家中的藏书非常多，人们都称其家为"书城"。他的父亲李承休十分仰慕南朝沈约、任昉等藏书家，于是不断地购书收藏。李泌继承了父亲的遗书，然后收藏并系统地整理了藏书，将书以经史子集来分类收藏。藏书都盖有"邺侯图书刻章"的藏书印章。

端居室

岳烟霞峰下的端居室，也叫"邺侯书院"，是中国书院史上最古老的一所书院。李泌在此过了12年的纵情山水的隐居生活。端居室也是中国最早的私人藏书馆，而且藏书非常多。李泌的儿子李繁后来在南岳庙左建南岳书院。千百年来，李泌一直是南岳衡山的一位传奇人物，被儒家、佛家、道家三家赞誉良多。李泌与道教的联系较早，而且他往往是以道士的身份参与政治活动的，可见他是信仰道教的。

李泌在史书上最辉煌的事迹，还是他在政治上的建树。李泌是一位杰出的政治家，但他在军事和经济等方面的贡献也很大。

在政治上，李泌很善于协调统治集团内部的关系，而且具有政治家的胸怀，用他自己的话来说就是："臣素奉道，不与人为仇。"李泌在政治上行为果敢，反对向叛军妥协，反对向强敌割地，坚决维护民族和国家的尊严。他还主张调整官俸、裁减冗员，提出如何安置功臣等，匡正时弊，让国家逐步安定富强起来。

在经济方面，虽然李泌没有直接经管过国家财务，但也显示了一定的才能。在古代，漕运是国家大事，也是难事。在任陕虢

邺侯书院

观察使期间，李泌挖山开路，以便饷漕。由于此事极大地改善了京师的粮食供应，李泌被升迁为检校礼部尚书。任相后，他大力改革一些经济管理方面的弊端，《新唐书·列传·卷六十四》记载："时方镇私献于帝，岁凡五十万缗，其后稍损至三十万，帝以用度乏问泌，泌请：'天下供钱岁百万给宫中，劝不受私献。凡诏旨须索，即代两税，则方镇可以行法，天下纾矣。'"这些改革措施，既增加了国家的收入，也减轻了百姓的负担。

平定安史之乱

天宝年间，安史之乱让整个大唐王朝面临倾颓之险，肃宗灵武即位之时，李泌就对国家命运作出了正确的预测。他认为叛军猖獗不会持久，其原因有二：一是参与叛乱的多是异族人，而中原人寥寥，这说明安史叛乱没有得到中原人的支持；二是叛军把掠夺到的财物全部送回自己偏居一隅的老巢范阳，可见叛军根本没有一统天下的雄心。然后李泌制定出平叛的方略："今诏李光弼守太原，出井陉，郭子仪取冯翊，入河东，则史思明、张忠志不敢离范阳、常山，安守忠、田乾真不敢离长安，是以三地禁其四将也。随禄山者，独阿史那承庆耳。使子仪毋取华，令贼得通关中，则北守范阳，西救长安，奔命数千里，其精卒劲骑，不逾年而弊。我常以逸待劳，来避其锋，去蹑其疲，以所征之兵会扶风，与太原、朔方军互击之。徐命建宁王为范阳节度大使，北并塞与光弼相掎角，以取范阳。贼失巢窟，当死河南诸将手。"李泌的这个方略是非常正确的，他还向肃宗强调要着眼于长久，最终一定会将叛军一网打尽。但肃宗在后来却急功近利，坚持先收复长安，结果造成割据局面，从而遗患无穷。李泌的策略可以媲美于诸葛亮的"隆中对"，而结局也同样令人扼腕，两位谋略家都没能实现自己的理想。

道家处事

在李泌的政治生涯中曾经四次归隐，五次离京，体现出"该仕则仕，该隐则隐"的道家"无我"精神和儒家"无可无不可"的态度。他从不会固执己见，而是适应客观形势，顺应时事。

在中国历史上李泌堪称一代奇才，他四次被排挤出朝廷，又四次回到朝廷，且一次比一次更受重视，这在历史上并不多见。究其原因，主要是他恰当的处世方法和豁达的心态。每次被赶出朝廷，他都没有任何的怨言，这也是他没被进一步迫害、能够东山再起的原因。而且李泌不管身处哪里都过得十分充实，心情都很平静。如果他整天都在怨天尤人、满腹忧愁，为自己的遭遇愤愤不平，他大概也无法坚持到位极人臣的那一天。李泌对待个人进退荣辱的平静心态，很值得人们深思。

李泌还坚持以白衣人的身份为国效力，这也隐晦说明他是向皇帝身边的当权者表明自己没有政治野心，这样就避免了他卷进权利的争斗中。而李泌的"退让"态度也给当时的君臣留下了极深的印象。

半部论语治天下——赵普

赵普，字则平，北宋初年宰相，是中国历史上杰出的政治家、谋士。赵普出生于幽州蓟县（现在的北京），虽然从小聪慧却不爱读书，但足智多谋，善吏道。赵匡胤曾经极力劝说他读书，他便读了《论语》。据说，赵普曾说"《论语》二十篇，吾以一半佐太祖定天下"，因此有"半部论语治天下"之说。赵普是赵匡胤"黄袍加身"的预谋者、"杯酒释兵权"的导演者。他三次成为宰相，宦海浮沉 50 年。

陈桥兵变，黄袍加身

周世宗去世后，幼主柴宗训即位。赵匡胤担任殿前都检点要职，控制着禁军。当传闻说契丹南下进攻周时，赵匡胤被委以重任率军北征。当军队到了开封东

陈桥兵变

北 20 千米的要道陈桥驿时，手下将士故意停驻，又派赵匡胤的亲信动摇军心，说幼主不能亲政，国家无望，不如拥立赵匡胤为帝，再出征北伐，然后灌醉赵匡胤。赵普见时机成熟，就暗示一些将士给赵匡胤披上龙袍，三呼万岁拥立赵匡胤为皇帝。后周幼主恭帝被逼写下"禅位"书，从此赵匡胤成为皇帝，建立了宋朝。而赵普在这场兵不血刃的政变中起了智囊军师的特殊作用，因为这样周密而高明的设计是那些弄刀舞枪的将领很难想出来的。

和平解权，杯酒释兵权

赵匡胤登基为帝后，赵普一再以石守信等执掌禁军为忧，并说细察石等皆非能统驭部下之将才，一旦部下也来个黄袍加身，情况就不妙了。宋太祖颇然其说，并询以和平解决和长治久安之策，于是，赵普提出了"稍夺其权、制其钱粮、收其精兵"的方针。赵匡胤是个触类旁通的君主，听其言就化成一整套加强君权、牵掣和削弱各方权力的政策与策略。首要任务就是要解决拥兵自重的将领问题。

某日下晚朝后，赵匡胤留下石守信等将领叙叙兄弟情谊。有点醉意了，他向将领吐露做皇帝的苦处，夜不能安、防范叛乱，不及做臣下的高枕无忧。当石守信等表示誓死效

陈桥兵变

忠时又说，假如你们的部下谋富贵而起兵怎么办呢？又说人生在世所重者不过多积金钱、田宅，为子孙立不可动之产业；多置歌妓美女饮酒作乐以终天年。皇帝与你们结为亲家，大家相互都没有猜忌不是很好嘛？这一番话的意思大家都听明白了。于是，第二天纷纷辞去军职，交出兵权，到地方做节度使去了。这就是"杯酒释兵权"的历史故事。赵普献策之功自然是不能抹杀的。所以，建隆三年（公元962年），晋赵普为枢密使、检校太保。赵普深知巩固君权才刚刚开始，他为太祖建功立业谋取富贵的前途也是无量的。

赵普

步步为营，巩固政权

"杯酒释兵权"后，赵匡胤致力于赵普的十二字方针策略的实施。在赵普的支持下，实行中央设副相、枢密使副与三司计相以分宰相之权，收相互牵掣之效。枢密使直属皇帝掌指挥权，而禁军之侍卫马、步军都指挥和殿前都指挥负责训练与护卫。地方则以文人任知州及副职通判为行政官员，重要文献需会签有效，通判为皇帝督察知州之耳目，宋初州设团练使副原为闲职，熙宁变法中有的成为负责义勇之主管。钱粮方面则规定地方钱粮大部输送中央，设转运使副主其事。熙宁变法中财税增多，地方之府库也很充盈，此时，节度使问题业已解决。

这样，赵普的方针、方略，确实在宋初起到了加强君主中央集权制及其军、政、财、文权力分立，防止方镇跋扈与地方各自为政的重要作用，改变了五代十国时期武臣专权、政变频繁的局面，使宋朝成为一个高度集中统一的国家。但是这套方针反过来也成为宋朝长期存在养无用之冗兵、冗官而冗费负担沉重，导致自我削弱各种权力结构之有效职能，而走向"积贫""积弱"之境的重要原因。因为赵普的方针只是从防兵之变、防方镇之跋扈、防官员之损害君权为出发点，而主要不是去提高国力、军力、政权与财政的效力，这就是为什么北宋空有军队、官员和钱财，却最终走向灭亡的原因。

历史的天空

中国历代名相

荣辱不惊——寇準

寇準，字平仲，华州下邽（今陕西渭南）人。北宋时期著名的政治家、诗人。寇準在宦海中几度浮沉，两次为相，最后被贬衡州司马。寇准诗文出色，七绝尤有韵味，今传《寇忠愍诗集》三卷。

寇準出身于书香门第，父亲寇湘学问非常好，中过进士。但寇準出生后不久，父亲就去世了，家道也中落了。他的母亲对寇準期望很高，坚持让他念书，寇準也非常刻苦好学，从书本上学得许多知识和道理。后来寇準进士入仕，不断升迁。但他为官很清廉，为百姓做了很多实事，政绩出色，辅佐皇帝安邦治国，成为北宋著名的政治家，是彪炳青史的一代名相。宋太宗称赞他"临事明敏"，将他比作唐代名臣魏征。寇準

寇準墓

在宋太宗朝群臣中，也以刚直足智著名。

景德二年（1005年），升任中书侍郎兼工部尚书。三年，因王钦若等人排挤，辞去相位。天禧元年（1017年）又恢复宰相职务，后因参与宫廷权力斗争，被丁谓等人排挤，贬至雷州（今广东海康）、衡州（今衡阳）。天圣元年（1023年）闰九月七日（10月24日）病死于衡州（今衡阳）任上。

澶渊之盟

景德元年，寇准和毕士安一同出任宰相（同平章事）。同年冬天，契丹大军南下犯宋，势如破竹，满朝人心惶惶，寇准力主真宗亲征，反对南迁。真宗抵达澶州后，很快稳定住军心。

寇准一边派人了解情况，然后制定作战计划，一边还要和妥协派周旋。他还发展民兵队伍，并且派人携带钱物慰劳河北驻军，尽最大努力充实军资。而宋真宗没有抗敌的决心。后来辽将萧挞被射杀，辽军怕腹背受敌，就提出议和，宋真宗便力主议和，派使节曹利用与辽和谈成功。虽然寇准一直反对议和，主张力战，最终只能妥协，但寇准还是暗中告诫曹利用，若是和谈超过三十万两，就将他砍头。经过几次谈判，宋辽双方订立和约，这就是历史上著名的"澶渊之盟"。

寇准雕像

衡阳

功高遭忌

　　澶渊之盟后，宋辽边境干戈宁息，贸易繁荣，人民生活安定。从积极抗敌到澶渊之盟，寇準功冠朝臣，朝野上下有目共睹。真宗也对寇準十分敬重，这引起寇準对立派官员的嫉恨。妥协派首领王钦若向宋真宗进谗言，说寇準在澶渊之盟时是拿皇上做赌注，不关心皇上的生死。宋真宗听信谗言，冷落寇準。寇準当宰相时，任人唯贤，不讲究出身门第，这就更让王钦若对他恨之入骨。因此，他一有机会就攻击寇準，终于，致使寇準被贬黜。

　　宋真宗晚年时朝堂一片混乱，寇準被丁谓利用再次回到朝堂成为宰相。后来因耿直的个性得罪了丁谓和他背后的刘皇后，被刘皇后罢为太子太傅，封为莱国公。最终寇準被丁谓诬陷，逐出京城。寇准再次罢相后，丁谓当了宰相。丁谓为了将寇准置于

寇准墓

死地，把他一贬再贬。最后寇準被放逐到边远的雷州去当司户参军，等于被发配到那里去充军。寇準到雷州后，生活艰难、气候恶劣、身体很快垮下来。第二年秋天，赴衡州（今衡阳）司马任上，病逝。

美名远闻

曾经有诗人称赞寇準："有官居鼎鼐，无宅起楼台。"后来寇準就有了"无楼台相公"的美名。据说寇準刚当宰相时，曾经生活也很奢侈，而且寇準平时喜欢听歌，常常会招歌女来唱歌凑趣。有一次，一个歌女唱完后，寇準赏了她一匹绫缎。但歌女却嫌赏赐太少，很是不高兴。寇準的一个出身寒门的侍妾，见此情景非常气愤，她写下一首讽喻小诗《呈寇公》："一曲清歌一束绫，美人犹自意嫌轻。不知织女荧窗下，几度抛梭织得成。"

寇準看到这首诗后，非常受触动，觉得一丝一缕都来之不易，不应该随心所欲地挥霍，从此寇準一直保持勤俭朴素的美德。

北国卧龙——耶律楚材

　　元朝是我国历史上版图最大、军事实力最强的一个时期。英勇善战的蒙古人在成吉思汗和他的子孙的带领下，先后灭掉了金、西夏、南宋，统一了中国，甚至把战火烧到了欧洲。成吉思汗之所以能够成就这样的霸业，除了他的个人因素和强大的军队之外，他还有一个能干的宰相，这就是被人称为北国卧龙的耶律楚材。

　　耶律楚材是契丹族人，原是金国的大臣。1215 年，当成吉思汗的大军攻破金国的都城燕京后，成吉思汗说耶律楚材才华横溢、满腹经纶，就派人把他请来，向他请教治理国家的方法。而当时耶律楚材也对原本就腐朽不堪的大金国失去了信心，又看到成吉思汗如此礼遇自己，就决心投靠成吉思汗帐下来解救处于水深火热之中的百姓。耶律楚材的到来，对成吉思汗及他的国家产生了深远影响，他采取的各种措施也为元朝的建立奠定了

耶律楚材读书堂

131

基础。

转投蒙古

耶律楚材出生于辽国贵族家庭，是契丹皇族的后裔、辽国东丹王耶律突欲的八世孙。而耶律突欲在很早的时候就接触到了汉族文化，在治理东丹的时候，他使用的都是汉族的礼仪制度。耶律突欲对汉族文化十分推崇，有很深的汉学功底，这也深深地影响了他的后代子孙，使得耶律家的后人刻苦读书、知晓礼节。

耶律楚材从小就受到了儒家思想的熏陶，他的理想就是按照儒家的思想来治理天下。

小时候，耶律楚材就开始学习汉族的文化。他精通汉字，

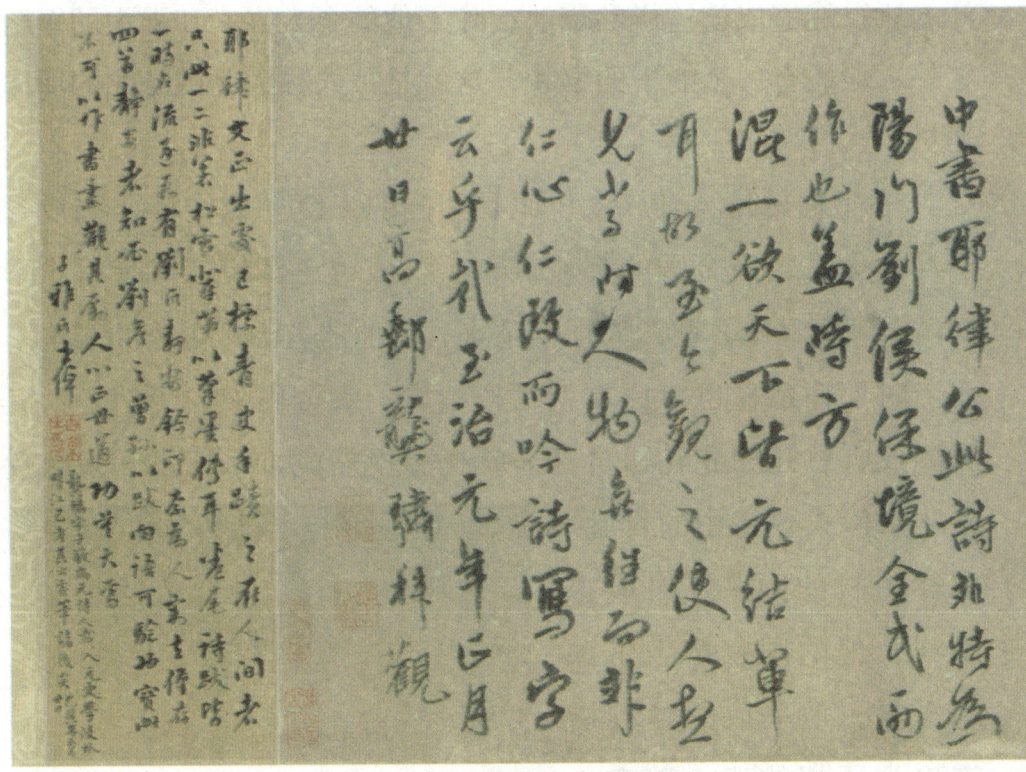

耶律楚材《送刘满诗卷》

年纪轻轻就已经博览群书，精通天文历法、地理、法律、数学还有医学，落笔成文，出口成章。刚刚在金国当官的时候，他被任命为开州同知、左右司员外郎。他曾经想开创一番大事业，但是他后来发现，大金国已经腐朽到了极点，朝政腐败、

耶律楚材画像

百姓生活困苦，而当他又没有什么办法来改变的时候，感觉非常痛苦。

　　1215 年，蒙古大军攻占了金国都城燕京，成吉思汗得知他才华横溢、满腹经纶，于是就派人把他找来，向他请教治理国家的方法。据说耶律楚材身高八尺，留着非常漂亮的长胡子，而且说话的声音非常洪亮。成吉思汗很欣赏他，对他说："辽国和金国是我们蒙古世代的仇敌，他们对不起你，我来替你报仇雪恨。"耶律楚材回答说："我的父亲和祖父都曾经为大金国效力，既然曾经做过金国的臣子，那臣子又怎么敢记恨自己的君主呢？"成吉思汗听了耶律楚材的话，对他更加敬重。于是就把耶律楚材留在自己身边做事，又给他起了个蒙古名字叫吾图撒合里，而不去叫他原来的名字。吾图撒合里在蒙古语的意思就是胡须很长的人。

　　耶律楚材早就对腐朽的大金王朝失去了信心。看到这战乱频繁、生灵涂炭的国家，他决定要用自己的才华辅佐成吉思汗，拯救人民。这对耶律楚材来说是一个幸运的选择，可对于成吉思汗和他的蒙古国来说又何尝不是呢？十四年的时间，耶律楚材追随成吉思汗西征，经常向成吉思汗介绍一些行军打仗、治理国家、安抚百姓的方法，而且屡立奇功，因此备受器重。而在成吉思汗

死后，耶律楚材又继续辅佐元太宗窝阔台，为元朝的建立作出了巨大贡献。

阻止杀戮

当时的蒙古族，是个的游牧民族，比较恶劣的生存环境培养出了他们比较粗狂的性格，蒙古人都是天生的战士，作战勇敢，战场上就像一阵风一样，让对手心惊胆战。但是，因为缺少文化教育，同样也使得蒙古人比较野蛮，甚至在某些方面有些残忍。比如说滥杀无辜就是当时蒙古军队的恶习之一。

蒙古军队在征服亚欧各国的时候，就曾经使用过非常残忍的屠城政策：在攻城之前，先派人去劝说这些城市投降，如果这些城市不投降而进行抵抗的话，在城市被攻破之后，蒙古军队就会实行残忍的屠城政策，将全城的百姓，无论是妇女、老人还是孩子全部杀光，然后放火将城市焚毁，以这种手段来进行报复。这么做一是蒙古军队的战线拉得太长，不能容忍在自己的后勤补给线上有任何威胁出现，另一方面也达到一种恐吓敌人的目的。可问题是即使你投降了，蒙古军队还是会屠城，甚至有些蒙古士兵干脆以杀人取乐，有很多曾经的历史文化名城都毁于一旦。耶律楚材感觉到非常痛心，因此他就一再劝说成当权者不要采取这种屠城的政策，要爱护百姓。后来太宗窝阔台采纳了他的建议，屠城的事情也越来越少，一场毁灭中原农业文明的浩劫被阻止了，中原千百万生灵被保全了下来。这是耶律楚材对中国历史、中华文明最大的贡献。

除了蒙古军队屠城之外，蒙古贵族和老百姓之间的矛盾也很深，有些州郡的官员，随意杀人，甚至把老百姓的妻子儿女强抢

过来当奴隶，抢夺老百姓的财物、吞并老百姓的田地。耶律楚材听说了这些事后，难过得掉下了眼泪，马上就入朝上奏，请求成吉思汗发布命令禁止州郡官吏的违法行为，如果没有皇帝的旨意，也不能随便向老百姓征税和强迫他们服劳役，准备执行死刑的囚犯必须报请朝廷审核批准。这样一来，贪婪残暴的风气才逐渐有些平息。

河北一带有很多势力很大的强盗，天还没黑，他们就赶着牛车到比较富裕的人家里去抢劫财物，不给就要杀人。当时，成吉思汗的儿子托雷听说这件事后，就派人和耶律楚材一起去调查这件事。耶律楚材经过走访，终于弄清了这些人的姓名，都是一些官员的亲属和有势力的人家的子弟，于是下令把他们都抓起来，关进了监狱。等案子都审清楚后，在集市上当着百姓的面把十六个重犯执行死刑，河北地区的老百姓这才安定下来。

蒙古风光

耶律楚材墓拓片

　　1232年春天，窝阔台准备率领军队南征，准备渡过黄河的时候，向逃难的人发了一道圣旨："来向大军投降的人免死。"可是有人却建议说："这些人有危险的时候就投降，没事的时候就逃跑，收留他们只能是在帮助敌人，不能宽松他们，不如把他们都杀掉。"而耶律楚材坚决反对，他命人做了几百面旗帜，把他发给前来投降的人，要求他们安居下来种田，这样救活了很多人，也给蒙古大军提供了许多军粮。后来，窝阔台在一次集会上端着酒杯赏赐耶律楚材说："我之所以能够推心置腹的信任你，是遵照了先帝的命令啊，如果没有你，就没有中原的今天，我之所以能够高枕无忧，都是你效力的结果啊！"

耶律楚材改革

　　蒙古国刚刚建立的时候，采用的是军事和政治合二为一的制度，将部落的人分为百户、千户和万户。只有统帅军队的长官，没有治理政事的长官，攻下城镇后又不派兵镇守。耶律楚材为了改变这种情况，提出建议：地方上应该设置官吏来统治老百姓，另外设万户总管军队，使军事和政事相互制约，防止出现独断专行的情况。窝阔台采纳了耶律楚材的建议，而且还根据他的建议，在中央设置了最高行政机构——中书省，任命耶律楚材为中书令，着手进行一系列的改革。

首先是制定法律，成吉思汗时期并没有制定完整的法律，原来的"札撒黑"只是适用于草原的习惯法。蒙古统治范围扩大到中原以后，这种习惯法就不再适应需要了，刑事案件大大增加，情况也要复杂得多。因此，耶律楚材提出《便宜十八事》作为临时法律，严禁地方官吏滥杀老百姓，不准商人财主贪污公家的财物，打击地痞流氓和杀人的强盗，禁止地主豪强夺取农民土地。这样，社会秩序逐渐安定下来。此外，耶律楚材建议废除分封制，把征税的权力收归中央。

其次就是制定礼节，太宗窝阔台即位时，耶律楚材就按照中原王朝的礼仪，为他制定了登基的仪式，并劝说窝阔台的哥哥察合台率领皇族中的长辈向皇帝行参拜大礼。礼节的制定，使得大汗在蒙古贵族中至高无上的地位得到了确认和巩固，大大增加了大汗的威严和权力。这是耶律楚材推行自己的主张，按照中央集权的方式向蒙古统治者施加影响的第一步。

最后就是选拔人才，耶律楚材在给元太宗窝阔台的奏章上说："制造器物一定要有好的工匠，守好江山一定要任用读书人出身的臣子。但读书人出身的臣子要能成就事业，不积累几十年的功夫，大概是不容易成功的啊。"皇帝说："果然是这样的话，可以提拔这样的人做官！"于是耶律楚材就任命宣德州宣课使刘中到各州郡去主持选拔考试，被俘虏成为奴隶的读书人，也要让

蒙古风光

他们参加考试，如果主人刻意隐瞒他们不让参加考试，那么主人就要被判处死罪。经过选拔，一大批有才能的人得以入朝做官。而且在教育上，耶律楚材大力提倡儒学教育，推崇孔子，在征得太宗同意后，他修复了孔庙，优待孔子的后人，建立了国子学，用封建文化教育百姓。1237年，耶律楚材又提出恢复科举考试，第二年，元朝第一次科举就录取了4000多人。科举的恢复，为国家发展招揽了大量的人才，也为后来忽必烈时期蒙古帝国的发展繁荣积蓄了力量，奠定了基础。

尘埃落定

1244年，耶律楚材病逝，他的一生用他的智慧与能力引导统治者看到了汉文明的优越，使蒙古帝国本身没有的礼仪、赋税制度建立起来，使蒙古落后的分封制和部落联盟的管理制式逐渐消失，使蒙古幼稚的法制得以发展成长。在蒙古国向元朝过渡的创业中功不可没。

才子宰相——富弼

北宋时期是我国历史上最积贫积弱的朝代，周围少数民族政权林立，例如契丹族人建立的辽国、党项族人建立的西夏及后来的女真人建立的金国等，在与这些少数民族政权的战争中，作为中原汉族政权的北宋也是输多赢少，而战争失败最直接的后果就是割地赔款。在整个北宋的历史上，关于割地赔款的记载比比皆是。打输了要赔，好不容易打赢了一场，还要赔（澶渊之盟），仿佛割地赔款已经成为北宋解决与其他政权纷争的最好方法。但是有一个人却敢于对割地的要求说不，这个人就是北宋宰相富弼。

聪明睿智

富弼年少的时候学习就非常刻苦，拿起笔来就能写出文章。而且胸怀大志。为人又十分谦虚大度。有一次富弼走在洛阳大街上，有人过来偷偷告诉他说："某某人在背后骂你！"富弼说："可能是在骂别人吧。"那人又说："人家指名道姓在骂你呢！"富弼想了想说："恐怕是在骂别人吧，估计是有人和我同名同姓。"后来，骂富弼的人听说了这件事，感觉到非常惭愧，赶紧来向富弼道歉，可见富弼能够宽容别人。

举手投足之间就可以看到一个人的心胸是狭隘还是宽广，从古至今是凡人还是高人，从这一点上就能分得清楚了。而富弼所处的时代，人才辈出、群星灿烂，比如范仲淹、司马光、欧阳修、文彦博、苏东坡、王安石等，他们都轻轻松松地通过了科举考试，考中了进士，走上了仕途。但是富弼的科举之路却很不顺利，最初他是以秀才的身份登上文坛的，在他的周围是一些早就闻名天下的文坛"大腕儿"，可是与他们交往，富弼却从不气馁，从容镇定。当时的文人经常会进行聚会，在酒楼里吟诗作对。大家看到一个青年，面目清秀、稳重大方，但是二十岁出头了，却还只是个秀才，都为他感到惋惜。这个年轻人却不卑不亢，来了就找一个角落坐下了，安静地听别人念诗，等到最后，他才稳稳地站起来，把自己的作品念给大家听。他的文章真的非常出色，每次都会成为整场聚会的压轴之作。大

富弼夫妇墓拓

家最后总结评判的时候，都会说这个洛阳小伙子文章不错。

这个小伙子就是富弼，被称为"洛阳才子。"当时范仲淹已经很有名气了，认识富弼之后，对他是十分赞赏，说富弼有辅佐王者的才华，并把他的文章推荐给当时的宰相晏殊。晏殊是个奇才，不到二十岁就考中了进士，写出过"无可奈何花落去，似曾相识燕归来"这一名句。他一眼就看出富弼有发展前途，就问范仲淹："这位洛阳才子成亲没有呢？"范仲淹回答："还没有成亲。"晏殊点了点头。当时晏殊还有一个女儿没有嫁人，晏殊正托知贡举陈祥帮忙挑选女婿。陈祥对晏殊说："我看富弼的文章很有气度，有当宰相的才华。"范仲淹看到晏殊喜欢富弼，就和陈祥从中撮合，最后富弼终于成为晏殊的东床快婿。

自有主见

富弼于天圣八年考中进士，当时他已经二十七岁了，步入官场后，他先到河阳担任节度判官厅公事，接着到绛州、郓州做官。几年之后山东一带多次爆发兵变，有些州县的官员软弱无能，看到叛军、匪徒势力强大，不但不去镇压，反而请客送礼，收受贿赂。后来朝廷得知了这件事，就派人到山东进行调查。范仲淹亲自坐镇处理这件事。

富弼对范仲淹说："这些州县的官员拿着朝廷发的俸禄，竟然在这里姑息匪徒，该把他们定为死罪，不然今后就没有人再去剿灭匪患了。"

范仲淹却说："你不知道啊，这些土匪势力强大，又躲在深山老林，很难剿灭他们，而州县地方政府兵力又不足，贸然前去围剿，也只能是劳民伤财，让老百姓白白受苦罢了，这些州县官员按兵不动，等待时机，这大概是为了保护百姓而采取的权宜之计吧。"

然而富弼却不同意范仲淹的看法，脸红脖子粗地跟自己的恩师吵了起来。有人劝富弼："你这么做也太过分了，难道你忘了范先生对你的大恩大德了吗？"原来，当富弼考中进士后，正赶上皇帝下诏想要招揽人才，而且要亲自考察。范仲淹听说这个消息，马上派人把富弼叫来，给他准备了书房和书籍，让他集中精力写出对当时朝政的看法，富弼因此得以被皇帝赏识。

可是富弼却回答："我和范先生交往，是君子之间的交往，范先生推荐我，并不是因为我的观点始终和他的一样，而是因为我遇到事情敢于发表自己的看法。我怎么能因为要报答他而放弃自己的主张呢？"范仲淹事后说："富弼和那些俗人不一样，我欣赏他，也就是因为这个原因。"富弼遇到事情有主见，不盲目跟从别人，也不随便附和别人，即使是对待皇帝也是这样。

庆历新政

富弼为官清正廉明、嫉恶如仇，先后在宋真宗、宋仁宗、宋英宗和宋神宗四朝做官，最后当上了宰相。虽然富弼位高权重，但是为人谦虚、节俭，又极其孝顺，与别人说话的时候也是非常恭敬，即使是官职卑微的人或者是平民百姓求见他，他也会非常有礼貌地接待他们。

富弼夫妇墓拓

当时的宋仁宗赵祯，看到了大宋政策的弊端，想要进行一些改革，就命令大臣们制定改革方案。在大臣递交的方案中，他看中了范仲淹和富弼的方案，于是在全国推行他俩提出的十条改革方案，历史上把这次改革称为"庆历新政"。

范仲淹为了推行改革，跟韩琦、富弼等改革派大臣到各地去走访，严格筛选各路的监司。（路是宋朝行政区划的名称；监司指的是监察官）有一次，范仲淹审查一份监司名单的时候，发现其中有一些是曾经贪赃枉法的官员，于是就提起笔来，把这些人的名字一一划掉了，准备再选别人担任。富弼在一旁看了，觉得有些不忍心，就对范仲淹说："范公啊，你这笔一划，就让人家一家人都要哭鼻子呢。"范仲淹严肃地说："富弼啊，我如果不让这些贪赃枉法官员的一家子哭，那就得害的一路的百姓都要哭了。"这一次，富弼没有再和范仲淹争执，他觉得范仲淹说得很对，从此以后，他再办事情就更加实事求是了。

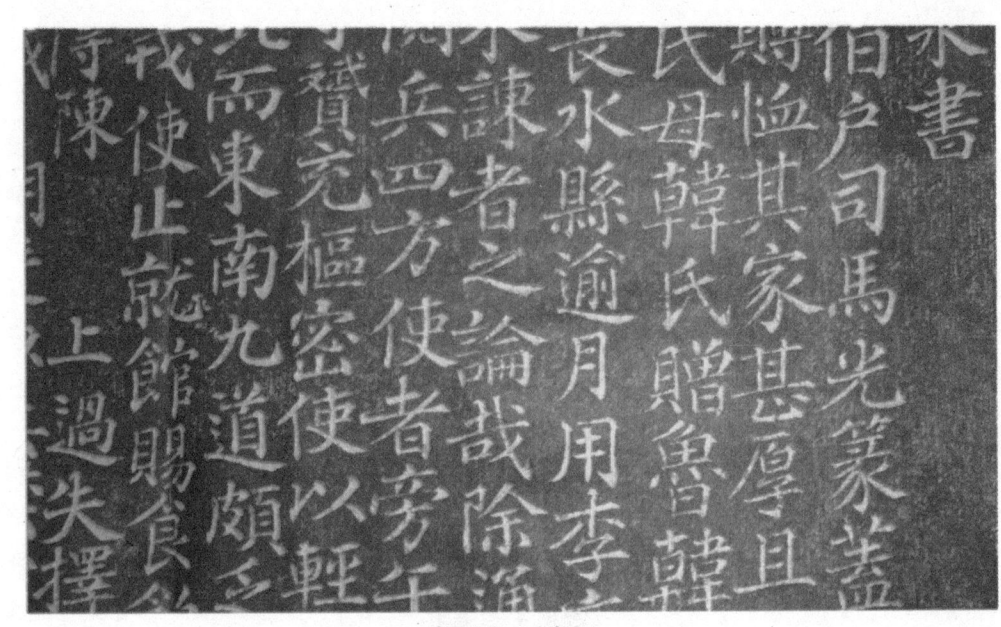

富弼夫妇墓拓

出使契丹

庆历年间，契丹国大兵压境，扬言要用武力扫平中原，并且派人要求北宋割地赔款，说只有这样才能退兵。听到这个消息，宋仁宗也慌了手脚，赶忙商议派出大臣与契丹议和，但是朝中的大臣都知道这一去十分凶险，所以没人愿意前往。有人向皇帝推荐富弼，富弼临危受命，担任枢密使，出使契丹。

见到辽国皇帝，富弼就问："你们为什么要出兵攻打宋国？"辽国皇帝回答："是你们违约在先，堵塞了各关口的道路，所以我们才攻打宋国，可是如果你们愿意割地求和，我们可以撤兵。"富弼很严肃地说："我知道你自己并不想出兵，而是你的大臣们要打仗。你可知道他们这都是想为自己牟取利益？"辽国皇帝惊讶地问："这话怎么说？"富弼说："我大宋国的土地纵横万里，有精兵百万，我们上下一心，如果你们要用兵，能保证一定取胜吗？即使你们侥幸获胜，也要损失最少一半，这些损失是你那些好战的大臣能够弥补的吗？如果我们还像以前那样互通友好，大宋每年送给你财物，还不都是你辽国皇帝一人任意支配吗？"

辽国皇帝想了想，点头说是。富弼又说："至于我们关闭关口，本来是为了防范叛军，并不是为了进攻别人。如果说是为了进攻，那就不用关闭关口了，直接派兵去打就是了。"辽国皇帝觉得富弼说的都是实话。

第二天，辽国皇帝邀请富弼一起打猎，他提出一个条件："如果能割让土地给契丹，那么两国就会长久地友好。"富弼问道："为什么？"辽国皇帝说："我们觉得每年都接受你们送的钱财是一种羞耻。"富弼马上反问道："你们觉得获得土地是一种荣耀，那我们一定会觉得丢失土地是一种耻辱！你说是不是这个道理？想让我们割地求和，那不可能！"

面对这样一个既善于辩论又态度强硬的人，辽国皇帝也感到十分无奈，最终不再要求割地了。就这样，富弼不惧生死，终于完成了使命，只用几句话，就打消了契丹国进犯北宋的图谋，使两国化干戈为玉帛。在此后的几十年间，两国都一直和平相处。

富弼后来又出使契丹，也大获成功，展示了他超人的胆识和外交能力。富弼第一次去契丹的时候，家里人告诉他，说他的女儿死了，为了国家，他仍然前往；第二次去契丹的时候，他的妻子生了个男孩，富弼来不及看上一眼，又出发了。到了契丹国，每次收到家里的书信，他连看都不看，跟随他的人不明白，就问他："这是家中的书信，为什么你不拆开看看呢？"富弼回答："即使拆开看了，也只是让我心乱罢了。"

富弼拒赏

富弼严格约束自己的行为，为官清正廉明，很有威望。富弼在担任枢密使的时候，宋英宗赵曙刚刚登上天子的宝座。赵曙上台之后，就将他父亲宋仁宗遗留下来的宝物器皿，都拿来赏赐给朝中的大臣。大家叩头感谢皇帝赏赐后，一起准备离开。赵曙却单独把富弼留了下来，又额外赏赐富弼几件东西。富弼先是磕头表示谢恩，然后就坚决推辞不肯接受这额外的赏赐。英宗赵曙有点不太高兴，但是故意轻描淡写地说："这些东西又不值什么钱，你没必要推辞呀！"富弼诚恳地说："东西虽然不值钱，但关键是您额外的赏赐。大臣如果接受了皇帝额外的赏赐而不拒绝，将来万一皇上做出什么例外的事情来，我又凭什么来劝谏您呢？"最终富弼还是推辞掉了这份赏赐。

到宋神宗登基之后，为了富国强兵，神宗在1068年四月，召集王安石进京，开始变法改制。神宗想问问富弼对变法的看法，因为富弼是三朝元老，所以特许他坐轿到大殿门口，不用行礼，坐着说话。结果富弼一看到神宗就说："我反对变法。"神宗又问了些关于边境防御的问题，富弼说："陛下登基不久，应该广施德政，希望二十年内不要用兵。"神宗听后非常失望，就革除了富弼宰相的官职。

富弼见到神宗皇帝重用王安石，知道自己在皇帝心中不可能与王安石相比，于是就说自己得了重病，想要告老还乡，请求了几十次才被皇帝批准。马上要走的时候，他又给神宗上了一份奏章，他说："现在王安石变法，起用了许多小人，再加上地震、旱灾，国家的情况堪忧啊。"神宗问富弼如果他走了，谁可以取代他担任宰相，富弼推荐文彦博。神宗又问："王安石当宰相怎么样？"富弼没有回答。因为这件事，王安石的儿子王雱恨死了富弼，私下说："把富弼在集市上砍了头，那么变法就可以执行了。"富弼于是隐居在了洛阳，与文彦博、司马光等十三个人组成了"洛阳耆英会"，每天在自己家中设宴摆酒，吟诗作

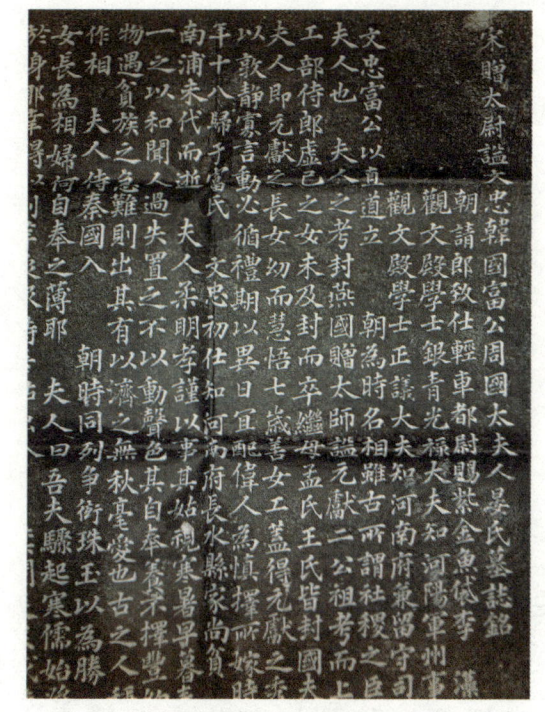

富弼夫妇墓拓

对，每当国家有大事的时候，他仍然献计献策，想说什么说什么。

1083年8月，已经八十岁高龄的富弼在洛阳病逝，他死前给神宗写了一份奏章，在奏章中他说："现在朝中有很多小人，这不是国家的福气，应当把他们清除出去。"神宗皇帝读完之后十分伤感，三天没有上朝，而且写了一篇文章悼念富弼。

在北宋的宰相中，富弼和文彦博是老寿星，文彦博活到了九十二岁，富弼活到了八十岁。六十年的官场生涯，富弼的一生可以说是充满曲折、波澜壮阔。宋哲宗上台后，又亲自写了"显忠尚德"四个字作为碑额，又请大学生苏东坡撰写了碑文，对这位名相和外交家的一生给予肯定。

丹心照汗青——文天祥

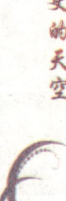

　　1127 年，靖康之变时宋徽宗、宋钦宗被金国俘虏，北宋灭亡。宋徽宗的九儿子康王赵构在北宋应天府继承皇位，后来把都城移到江南临安，历史上称为南宋，与金朝、西辽、大理、西夏、吐蕃及刚刚兴起的蒙古帝国并存。因为军事实力较弱，南宋的 150 年中，不断受到外族入侵，边患不断。自古战乱时期都会涌出一大批奸佞之臣，当然也会有一大批忠臣义士，如果说岳飞是南宋时期武将的表率，那文天祥无疑是文人的楷模。

　　提起文天祥，就会想到他的名作《过零丁洋》——"人生自古谁无死？留取丹心照汗青。他是在什么样的境遇下写出了这洒脱正气的诗句，他又是怎样在元朝铁蹄下努力挽救南宋小朝廷的，让我们来一起认识这位民族英雄。

状元及第

　　文天祥于 1236 年出生在南宋吉州庐陵，也就是今天的江西省吉安市，父亲文仪是个读书人，一生嗜书如命，却不做官，学问十分渊博，对经史诸子百家无不精通，甚至天文、地理、中医、占卜之书也广泛涉猎。文天祥文采出众，父亲文仪的教育实在居功至伟。

文仪一直有读书救世的想法，在父亲的熏陶下，文天祥在童年时，就很仰慕英雄人物。有一天，他到吉州的学宫瞻仰先贤遗像。他看到吉州的欧阳修、胡铨等吉州人的遗像肃穆地陈列其中，就想：他们能做到的，自己也要做到。

十九岁时文天祥在庐陵乡校考试中获得第一名，第二年中选吉州贡士，之后又赶赴临安参加科举考试。古时的科举考试，分为会试和殿试，相当于初试和复试。初试通过后，文天祥因为劳累等原因突然生病了，他强打起精神，赶到考场参加殿试。考官把他的卷子列为第七名，但是宋朝皇帝理宗亲自查阅考生的卷子，看到文天祥的答卷后，亲批定为第一名。这一年，文天祥只有21岁。

文天祥雕塑

据说，当时参与阅卷的还有著名学者王应麟，看了文天祥的试卷后也是赞不绝口，对宋理宗说："这份卷子，合

文天祥雕塑

乎古圣先贤的大道。文中表现出忠君爱国之心坚如铁石。我为陛下得到这样的人才致贺！"那时的试卷和今天考试一样，名字一栏是密封的，等到让人把试卷完全拆开一看，考试的名字是文天祥。宋理宗觉得很吉利，高兴地说："天祥，天祥，这是天降的祥兆，是宋朝有瑞气的预兆。"从此以后，文天祥就以"宋瑞"作为自己的字。

状元及第的文天祥，随后被封为右丞相兼枢密使，正式开始他的从政之路。

官场起伏

1259年，蒙古大举挥师南下，向南宋发动大规模的入侵战争。南宋朝廷听说忽必烈已经逼近鄂州，也就是现在的湖北武昌，朝野震动。宋理宗宠信的宦官董宋臣建议迁都到思明，即浙江省宁波市。说得冠冕堂皇是为了避免正面交锋，留得青山在，好另想对策驱逐蒙古人，其实就是想重演南宋初期宋高宗赵构逃亡的历史。准备再次让出土地，以求一隅偏安。这无疑将给奋起反抗的将士和苦苦挣扎的百姓带来沉重打击。文天祥虽然知道自己人微言轻，而且可能会得罪宦官，招来祸事，还是毫不犹豫地挺身而出，向皇帝上疏，指出迁都的提议是奸佞小人想要国家灭亡才说出的话，董宋臣恶贯满盈，应该立即斩首才对。

文天祥在奏折里还提出改革政治、扩充兵力、抗蒙救国等建议。只是,这些想法完全进不去理宗的耳朵。时任礼部尚书的江氏"三古"之一的江万载向宋理宗建议请皇后谢道清出朝议政,才劝得理宗打消迁都念头。

1260年,文天祥被任命为签书镇南军节度判官厅公事,但是朝廷权奸当道,他的改革设想落空,感到非常失望,既不愿尸位素餐、混迹官场,更不愿同流合污,宁愿暂时置身于政治漩涡之外。所谓"邦有道则仕,邦无道则隐",因此他不愿赴任,请

文天祥雕塑

文天祥雕塑

求"祠禄"。朝廷应允了，命他做建昌军仙都观的主管，这个职务是个闲差，这时文天祥才二十五岁，已经有了退隐出世的思想。

1263 年，由于皇帝不纳谏，重新起用董宋臣，文天祥一气之下上书辞职，随后被朝廷贬为地方官，治理瑞州（现江西高安市）。瑞州曾遭蒙古人入侵，城墙倒塌、房屋被毁，百姓流离失所，文物古迹被破坏。文天祥上任后，全力安抚百姓，筹集资金建立"便民库"，为救济百姓提供方便，使地方秩序重新恢复过来。他还修复了一些古迹如"碧落堂""三贤堂"等，希望借此发扬先贤的民族正气，鼓舞人民的爱国精神。瑞州在文天祥的治理下，百废俱兴。

1264 年，理宗逝世。权臣贾似道拥立太子为帝，即度宗，自己进一步操纵朝政，一手遮天，导致南宋朝政更加腐败不堪。有一次，贾似道为了要挟度宗，假装生病，跟皇帝请求回乡，软弱的度宗一听竟然哭着请求他留下来。当时文天祥已经被调回临安任职，他在为皇帝起草的诏书中，直接陈述身为臣子要以国家大事为重，指出贾似道的行为违背皇帝的厚爱。结果被贾似道记

文天祥雕塑

恨，不久就免去了他所有职务。

　　1274 年，文天祥再次被起用，被委任为赣州知州。赣州紧邻他的家乡，在赣州期间，他办事分外勤谨，主张对人民少用刑罚、多用义理，百姓对他非常爱戴。加上这年风调雨顺，稻谷丰收，出现了短暂的安乐景象。但不到一年，蒙古大举南侵，南宋到了最危险的时刻，文天祥结束了十五年的宦海浮沉，踏上戎马征途。

文天祥雕塑

勤王被俘

　　1274 年 7 月，度宗病死。贾似道扶四岁的赵显继位，即宋恭帝。同年 9 月，二十万蒙古铁骑由丞相伯颜统领，分两路进攻南宋。各地宋军将领在铁骑压境时纷纷叛变，南宋兵败如山倒。理宗的妻子谢道清下了一道《哀痛诏》，述说继君年幼，自己年迈，民生疾苦，国家艰危，希望各地文臣武将、豪杰义士，急王室之所急，同仇敌汽，共赴国难，朝廷将不吝赏功赐爵。文天祥奉读诏书，痛哭流涕，立即发布榜文，征募义勇之士，同时筹集粮饷。他捐出全部家财作军费，把母亲和家人送到弟弟处赡养。在文天祥的感召下，一支以农民为主、知识分子为辅的爱国义军在极短的时间内组成，总数达三万人以上。宋朝廷委任文天祥知平江府。但是元军攻势猛烈，江西义军虽然英勇作战，拼死抵抗，最终却没能挡住元军南下。

第二年正月，元军兵临临安，文武官员都纷纷出逃。谢太后任命文天祥为右丞相兼枢密使，派他出城与伯颜谈判，企图与无军讲和。文天祥到了元军大营，却被伯颜扣留。谢太后见大势已去，只好出城向元军投降。

皇帝投降后，降将吕师孟挖苦文天祥："丞相曾经上书请皇帝杀了叛逆遗孽吕师孟，为什么不杀了我呢？"文天祥毫不客气地斥责他："你

文天祥雕塑

们叔侄都做了降将，没有杀死你们，是我朝的过失。而你这么无耻的人还有什么面目苟活在人世？你们投靠敌人，要杀我很容易，但却成全我当了南宋的忠臣，我没有什么可害怕的！"听了这话，吕师孟反倒佩服起文天祥的气概，说他"骂得痛快！"

当时，虽然元军占领了临安，但江南、闽广等地还没有被元军完全控制和占领。于是，伯颜企图诱降文天祥，利用他的声望来尽快收拾残局。但文天祥宁死不屈，伯颜只好将他押解北方。押解的船只到达镇江的时，文天祥趁着天黑冒险出逃，经过许多艰难险阻，终于在1276年5月辗转到达福州，被宋端宗赵昰任命为右丞相。

文天祥陵园

东南苦战

　　文天祥对张世杰专制朝政极为不满，又与陈宜中意见不合，于是离开南宋，以同都督的身分在南剑州任职，指挥抗元。福建、广东、江西的许多文臣武将、地方名士、勤王军旧部纷纷前来投效，文天祥又派人到各地招兵筹饷，很快组成了一支督府军，规模、声势比江西勤王军大得多。

　　1276 年 10 月，按谢道清嘱托掌管军事的江万载命令文天祥出兵汀州，不幸战斗失利。在蒙元的攻击下，南剑州也落入敌手，福安失去屏障。江万载和丞相陈宜中、枢密副使张世杰紧急护送端宗登舟入海，福安府随即陷落，南宋从此成为海上的流亡政府。

　　1277 年初，元军紧逼汀州，文天祥率军撤退到广东梅州。

经过整顿，5月又从梅州出发，打响了收复江西的战役。在文天祥的领导下，各方义军配合督府军作战，统一部署，挥师席卷赣南，占领了大片土地。1278年夏，文天祥得知南宋行朝移驻崖山，为摆脱艰难处境，便要求率军前往，与南宋会合。由于张世杰坚决反对，文天祥只好作罢，率军退往潮阳县。同年冬，元军大举来攻，文天祥在率部向海丰撤退的途中遭到元将张弘范的攻击，兵败被俘。

崖山被俘

文天祥被俘后服毒自杀未遂，被张弘范押往崖山，让他写信招降张世杰。文天祥说："我自己已经不能保护父母，难道还能让别人也背叛父母吗？"张弘范不听，一再强迫文天祥写信。文天祥于是将自己前些日子所写的《过零丁洋》一诗抄给张弘范。张弘范读到"人生自古谁无死？留取丹心照汗青"两句时，不禁也受到感动，不再强逼文天祥了。

崖山战役后，文天祥被押到广州。张弘范对他说："南宋已经灭亡，你要尽忠尽孝都已经做到了，现在即使是杀身成仁，谁又能把这些写在历史上？如果你能为大元效力，一定会受到重用的。"文天祥正义凛然地回答："作为臣子，国家灭亡却不能救援，就算死都不能赎完罪孽，怎么还能够生出二心，背叛故国？"张弘范没有办法，只能向元世祖请示如何处理文天祥，元世祖回答说："谁家没有忠臣？"命令张弘范对文天祥以礼相待，将文天祥送到大都，软禁在会同馆，决心劝降文天祥。

元世祖首先派降元的原南宋左丞相留梦炎对文天祥现身说

法，进行劝降。文天祥一见留梦炎便怒不可遏，留梦炎只好悻悻而去。元世祖又让降元的宋恭帝来劝降。文天祥北跪于地，痛哭流涕，说："圣驾请回！"宋恭帝无话可说。元世祖大怒，于是下令将文天祥的双手捆绑，戴上木枷。关进兵马司的牢房。文天祥入狱十几天，狱卒才给他松了手缚，又过了半月，才给他褪下木枷。

文天祥从 1279 年 10 月抵达大都到 1283 年 1 月 9 日被杀，一共被囚禁了三年零两个月。元朝千方百计地对文天祥劝降、逼降、诱降，只是无论是故人说情，还是威逼利诱，文天祥都不为所动。在这期间，他曾历经服毒未遂、绝食自杀失败等，之后他便泰然处之，等待着自己被忽必烈处决那天的到来。

由于他坚决不低头，大元丞相孛罗威胁他说："你要死，偏不让你死，就是要监禁你！"文天祥毫不示弱："我既不怕死，还怕什么监禁！"在囚禁的孤寂岁月里，他写下了不少感人肺腑的民族主义诗篇。今天，我们仍可以从《正气歌》的惊天地泣鬼神中感受到文天祥誓死不屈的精神。

正气长存

一天，蒙古大汗忽必烈问大臣们："南方和北方的这些宰相之中，谁最贤能？"大臣们回答说："北方的没有人能比得上耶律楚材,而南人中没有人能超过文天祥。"忽必烈于是又下了谕旨，封文天祥高官显位。投降元朝的宋臣王积翁等写信告诉文天祥这件事，文天祥回信说："战国时期的管仲如果不死，他的功名一定天下皆知；而我文天祥如果不死，将会遗臭于万年。"王

文天祥陵园

积翁见他如此坚决，也就不敢再继续劝说了。不久，忽必烈又下令优待文天祥，给他上等的饭食。文天祥请人转告说："我已经不吃官家的饭很多年了。"忽必烈没有办法，又亲自召见文天祥，当面许诺他宰相、枢密使等职位，但都被他严辞拒绝，只是回答说："但愿一死！"

元至元十九年十二月初九，大元朝兵马司监狱内外，布满了全副武装的卫兵，戒备森严。上万市民听到文天祥就义的消息，都聚集在街道两旁。行刑前，文天祥问明了方向，随即向着南方拜了几拜。监斩官问："丞相有什么话要说？我去帮你回奏，还能免于一死。"文天祥却神态安详，不再说话。之后，从容就义，终年四十七岁。

文天祥殉难后，曾经参加义军的王炎午写了《望祭文丞相文》，赞扬文天祥像岁寒的松柏一样坚贞。他的死，使"山河顿即改色，日月为之韬光"。文天祥的文集、传记也在民间广为流传，历久不衰，激励着民族的正气。

图书在版编目（CIP）数据

中国历代名相 / 荀伟东编著. -- 长春:吉林出版集团股份
有限公司, 2014.10
（历史的天空 / 张帆主编）

ISBN 978-7-5534-5677-5

Ⅰ.①中… Ⅱ.①荀… Ⅲ.①政治人物－生平事迹－中国
－少儿读物 Ⅳ.①K827-49

中国版本图书馆CIP数据核字(2014)第221397号

中国历代名相
ZHONGGUO LIDAI MINGXIANG

作　　者　荀伟东
出 版 人　吴　强
责任编辑　陈佩雄
开　　本　710 mm × 1 000 mm　1/16
印　　张　10
字　　数　150千字
版　　次　2014 年 10 月第 1 版
印　　次　2023 年 4 月第 4 次印刷

出　　版　吉林出版集团股份有限公司
发　　行　吉林音像出版社有限责任公司
　　　　　（吉林省长春市南关区福祉大路5788号）

电　　话　0431-81629667
印　　刷　鸿鹄（唐山）印务有限公司

ISBN 978-7-5534-5677-5　　定价：45.00 元

如发现印装质量问题，影响阅读，请与出版社联系调换。